제주 워킹
홀리데이

**제주 워킹
홀리데이**

초 판 1 쇄   2018년 9월 21일
초 판 2 쇄   2019년 3월 11일
지 은 이   정선빈
펴 낸 곳   하모니북

출판등록   2018년 5월 2일 제 2018-0000-68호
주   소   서울 영등포구 선유로 43가길 24, 104-1002 (07210)
이 메 일   harmony.book1@gmail.com
전화번호   02-2671-5663
팩   스   02-2671-5662

979-11-964025-4-9 03910
ⓒ 정선빈, 2018, Printed in Korea

값 15,000원

이 도서의 국립중앙도서관 출판예정도서목록(CIP)은 서지정보유통지원시스템 홈페이지
(http://seoji.nl.go.kr)와 국가자료공동목록시스템(http://www.nl.go.kr/kolisnet)에서 이
용하실 수 있습니다.
CIP제어번호 : CIP2018028732

제주 워킹 홀리데이

정선빈 지음

harmonybook

〈제주살이 지도〉

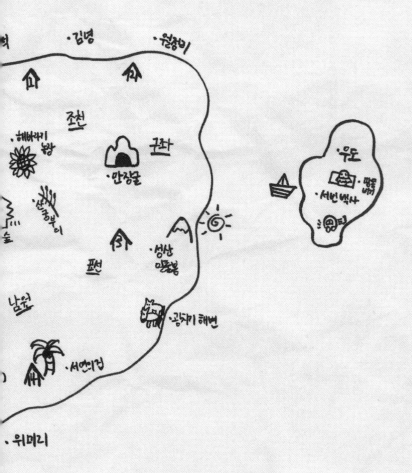

목차

프롤로그 8

1부 육지인간, 섬으로 가다

어쩌다 제주까지? 18 ㅣ 지금은 준비중 25 ㅣ 새로 시작 31 ㅣ 섬생활 적응기 38

2부 여행하기 좋은 날, 출근하기 싫은 날

내가 선택한, 맞춤직장 44 ㅣ 처음 뵙겠습니다 47 ㅣ 우리들의 축제 50 ㅣ 누구나 관심이 필요하다 57 ㅣ 역할의 중요성 67 ㅣ 직장, 그 이상의 의미 72

3부 스물스물 & 뚜벅뚜벅 여행기

베짱이의 여행 78 ㅣ 마중과 배웅 80 ㅣ 함덕의 매력 87 ㅣ 나도 해,바라기 91 ㅣ 비, 숲, 까마귀 95 ㅣ 조용한 전성기 102 ㅣ 분홍머리 106 ㅣ '같이'의 '가치' 110 ㅣ 그냥 그런 여행 112 ㅣ 가을날 녹차밭 116 ㅣ 노을과 바다 120 ㅣ 동네 비상구 124 ㅣ 2016년 가을여행 테이프 127

4부 제주 도민인 척, 제주 도민처럼

일상을 여행처럼 130 | 시트콤하우스 132 | 태풍을 겪다 135 | 보고싶은 얼굴들에 대하여 138 | 음식이 있던 순간 141 | HAPPY BIRTH DAY in 제주 144 | 타원의 하루들 153 | 자율적 배움이란 158 | 그리울 것을 알면서도, 안녕 171

5부 사람 홀리는, 홀리데이

일주일을 무지개처럼 174 | 〈첫 번째 천장〉 연이네 다락방 176 | 〈두 번째 천장〉 어떤날 게스트하우스 181 | 〈세 번째 천장〉 안나106 191 | 〈네 번째 천장〉 넙빌레하우스 204 | 〈다섯 번째 천장〉 산방산 온천 게스트하우스 210 | 〈여섯 번째 천장〉 1158 게스트하우스 217 | 〈떠나는 날〉 221 | 마침표 찍기 224

에필로그 228

프롤로그

해가 넘어가니 고대하던 스물이 되었다. 십 년 만에 앞자리 수가 바뀐 것이다. 드디어 성인이 되었다는 기쁨보다 불청객이 먼저 찾아왔다. 나를 이미 아는 사람부터, 새로 알게 된 사람들에게 지겹도록 받은 질문이 그 존재다. 애석하게도 축하보다 우선시 되는.

"넌 대학교 어디 갔니?"

여기서 대학교에 가지 않았다고 답을 하면, 대체로 부정적인 흐름이 이어지곤 했다. 쉽고 간단하게 나를 판단하는 상대에게 묘한 불쾌감을 느꼈다. 질문을 미워할 수는 없으니까.

'스무 살' 혹시 당신도 대학이라는 단어만이 떠오르는가?

그렇다면 이제부터는 무궁무진한 청춘들에게 저 유한적인 질문을 건네기 전, 신중함이라는 브레이크를 걸어주었으면 한다. 하다못해 조그마한 필터장치라도 거쳐주길 소망한다.

달갑지 않은 첫 번째 질문 후에, 두 번째로 가장 많이 받은 질문(오지랖) 이다.

"야, 하고 싶은 것만 하고 어떻게 살아?"

내가 걱정된다는 이유 하나만으로, 난생처음 보는 택시기사부터 매일 봐온 가족까지. 현실과 동화되지 못하며 생각이 어리숙한 사람에게 하는 말투로. 이 말을 들을 때마다,

순간 내 머릿속에는 수천, 수만 개의 단어와 문장이 뛰어다니고, 피가 사십 도까지 끓어올랐다. 아무도 나를 걱정하지 않아도 된다. 그저 나는 나만의 우주를 꾸려갈 텐데. 단지 스무 살이라는 이유로, 묻지 않은 설교를 듣기 싫었다. 과연 그들은 지금의 가치관을 가진 오십 년 후의 나에게도 같은 질문을 던질까?

　일주일간 삼시 세끼로 먹어서 질려버린 반찬 같은 이 질문에 당당히 답한다. 매번 흰 도화지에 꾹꾹 눌러 써주고 싶었던 말.

　"보고 싶은 것만 보고, 듣고 싶은 것만 듣고, 하고 싶은 것만 하고 살려고 해도, 보기 싫은 것도 듣기 싫은 것도, 보고 들을 수밖에 없을 때가 있고, 하고 싶지 않은 것도, 하는 수 없이 해야 할 때가 있지."

　"그런데 왜 내가 그 말을 들어야 해?"

그깟 다른 이의 눈과 입 때문에, 당장 하고 싶은 것을 빼앗기는 것은 참담하다. 세상의 눈에 잘 보이기 위해 애쓸 필요가 있을까. 조금 멋없어 보여도 내가 좋으면 그만인 것을. 언젠가 나를 보며 따라 하려는 이들도 생겨날 것을.

이 글을 읽는 당신이 꼭 명심했으면 하는 점. 당신의 죽음은 언제가 돼도 이상하지 않다.

"저기요! 내일 사라져도 괜찮나요?"

막다른 골목은 누구나 맞닥뜨린다. 사회라는 아찔한 전쟁터에서 매일을 살아가니까. 때로는 본인에게만 화살이 날아온다는 생각에 사로잡히고, 자신에게 실망함으로써 실의에 빠지기도 하더라. 진짜 이럴 때만큼은 세상은 공평한가, 과연 신은 존재하는가 싶다.

'내가 참 별 볼일 없는 사람이었구나….'

굳세다던 당신도 이럴 때만큼은 극단적인 해결책이 필요할 것이다. 무거운 발걸음으로 오가던 회사에 사표를 던지고, 배움보다 미움만 남은 학교는 잠시 쉬어두고, 무기력하게 누워있는 침대에서 일어나 문을 박차고 나오는 것. 그리고 아무도 나를 모르는 곳에서 싱싱하게 살아보는 거다. 이게 바로, 지치고 권태로운 당신을 위한 나의 처방전.

그곳에는 당신도 몰랐던 낯선 면, 뜻밖의 재능, 우연 같은 인연, 망각했던 오랜 꿈같은 것들이 기다리고 있을 테니까.

너무 추상적이라면 예를 들어보자. 먼저 누군가를 기다리느라 시간이 넉넉해 보이는 사람에게조차 길을 묻지 못하는 소심한 사람이 있다. 하지만, 타지에서의 간절함은 강력하다, 이어폰을 끼고 매몰차게 지나가는 사람을 붙잡을 수 있게 만들 만큼. 다음은 오직 떠들썩한 술자리가 유일한 여가라던 사람인데, 어느새 한적한 숲길을 거닐며 여유로운 행복을 누리게 되었다.

　서로를 알지 못하는 미지의 공간을 사랑하는 가장 큰 이유. 그 누구도 나를 어떤 사람으로 미리 한정 짓지 않으며, 완벽하게 새로운 모습으로 살 수 있다는 것.

　그렇기에 '나쁜 사람, 착한 사람, 시끄러운 사람, 조용한 사람, 소심한 사람, 리더십이 강한사람, 걸음이 느린 사람, 성격이 급한 사람, 게으른 사람, 부지런한 사람 등등.'

　모두 한 사람을 표현하는 단어들이다.

이 책은 책이 될 줄 몰랐던 노트북 비밀 폴더 속의 조각 글로부터 시작되었다. 회사와 집을 오가는 제주의 일상을 살면서, 직접 닿았던 경험과 사적인 감정을 고스란히 비추는 기록. 그 나직한 자투리 글들은 육지로 돌아가 한참이 흐른 뒤, 그 섬을 잊어가는 나에게 발견되었다. 매우 생생하게 표현해둔 탓에, 이 글을 적은 이와 주인공이 전혀 다른 사람처럼 느껴졌다. 이제 다시 돌아오지 않을, 글 속의 꿈 많고 씩씩한 스무 살이 대견스러워 조각 글을 이어보았다.

멀리서 바라보며 알게 된 것들까지 채워 넣었더니, 나름 앞뒤가 들어맞는 글이 탄생했다. 비밀 폴더에 숨겨둘 만큼 솔직한 감정이 엮인 터라 부끄러운 부분도 상당했지만, 그것까지 나의 삶이었기에 최대한 손대지 않으려 했음을 강조하고 싶다. 부탁하건대, 더운 여름날 시원한 생수처럼 쭉쭉 들이키며 읽어주기를.(물론 힘들면 좀 나누어 마셔도 된다.)

그럼 당신도 오롯이 그때의, 그곳의, 그 감정을 마주하지 않을까 싶어서.

2016년의 제주도에서 스무 살의 내가 걸었던 그 순간들을.

1부

육지인간, 섬으로 가다

어쩌다 제주까지?

　고등학생이 되었다. 집에서 종소리가 들릴 정도로 가깝다는 이유하나만으로 집 앞 인문계 고등학교에 들어갔다. 생각보다 더 획일화된 수업과 강제 자율학습의 모순이 마치 갑옷처럼 느껴졌다. 게다가 내가 하고 싶은 일이 무엇인지 목표조차 모르는 채로 달릴 수는 없었다. 그로인해 나는 자퇴라는 말을 입에 달고 사는 무기력한 학생이 되어버렸다. 실제로 고삼 초에는 마음을 먹었지만, 뒷목잡고 말리는 부모님의 모습에 푹 꺾여버렸다. 자퇴 때문에 부모님 건강을 해칠 수는 없지 않은가. 이학년부터는 강제자율학습을 도저히 참고 앉아있을 수가 없어서 담임 선생님과 몇 차례의 면담을 거쳐 정정당당히 오후에는 갑옷을 벗어던질 수 있게 되었다.

　학교 밖은 흔히들 생각하는 모습과 많이 달랐다. 불량하기보다 신선하고 활기찼다. 학교 밖에서 훨씬 미래를 또렷하게 찾아가는 사람들을 만났고, 그들에게 좋은 충격을 받았다. 그 후로, 방과 후 아르바이트로 조금씩 돈을 모아 틈틈이 국내여행을 다니기 시작했다. 다섯 시에 하교를 하면 재빨리 걸어가 다섯 시 삼십분까지 출근을 하고, 버스가 모두 끊긴 시간에 퇴근을 했다. 그리고 열심히 집으로 걸어가 짧은 잠을 자고, 아침이 되면 다시 교복을 입었다. 주말까지 일주일 내내 아르바이트를 했고, 모처럼 연휴가 있을 때나 짧은 방학에는 궁금했던 여행지로 훌쩍 떠나버렸다. 이렇게 내가 원한 학교 밖의 삶을 살았다. 지금 생각해보면

과연 다시 그렇게 살 수 있을까 싶을 정도로 빡빡한 삶이었지만, 그 당시에는 스스로 일을 구하고 직접 여행을 계획했다는 것만으로도 엄청난 보람이 밀려왔고 에너지가 되어주었다. 그러다보니 내가 주체가 되어 살아가는, 학교 밖의 부지런한 삶을 사랑할 수밖에 없었다. 그렇게 짧은 오후의 자유를 누리기 시작하자, 한번뿐인 나의 하루, 소중한 스물네 시간의 주인이 되고 싶어졌다.

고등학교 삼학년, 다섯 시간이하의 잠을 자면서 열 달을 보냈다. 정신을 차려보니 어느새 수능을 치고 있었다. 내가 고등학교를 남들 따라 온 것처럼, 물 흐르듯 당연하게 대학교 입시 원서를 넣었다. 곧바로 여기저기서 합격소식이 들려왔고 나에게도 그리 기다리던 합격자 발표전화가 왔다. 추가합격으로 한 대학교에 붙었다는 아찔한 소식이었다. 수시로 넣은 곳 중 단 한군데에 합격을 했으니, 여지없이 그 곳으로 예치금을 이체했다. 갈 대학교가 생겼다는 명분으로 보다 열심히 놀다보니 이어서 의미 없는 겨울방학도 찾아왔다.

하루는 집으로 돌아오는 길에 눈 내리는 하늘을 보며 걷고 있었다. 그러다 손꼽아 기다리던 스무 살의 모습이 뭉게뭉게 떠올랐다. 대학교에서 때맞춰 피어나는 개나리처럼, 밝게 빛나는 새내기가 된 상상을 하다가, 대학교에 가지 않고 여기저기 팔도를 뛰어다니며 고삐 풀린 말의 모습을 한 나를 그려보았다. 그 순간부터, 한 달을 꼬박 고삐 풀린 나를 쉴 틈 없이 상상했다. 남들 다 가는 대학도 안가고 정신없이 해보고 싶었던 일을 하고 있는 나를 만났을 때, 주체할 수 없이 설레었다. 학창시절 하루의 반 이상을 학교에서 보냈고, 학교에 가야하므로 여러 가지의 한계가 있었다. 그것은 버킷리스트가 길던 나에게 늘 불만이었다. 이제 그걸 해소할 수 있는 때가 코앞에 왔는데, 친구들 모두가 대학에 간다는 이유에 휩쓸려서 그 좋은 기회를 놓칠 뻔 했던 것이다.

　나의 의견에 부모님은 고등학교를 졸업한 것이 어디냐며 깔끔하게 찬성표를 던졌다. 그리하여 새해를 맞아 대학교 입학포기를 했다. 그건 아마 그 해 가장 현명한 선택이었을 것이다. 꿈꾸던 스무 살의 나는 컴퍼스엔 없었으니까.

졸업식 이후 나는 학교로부터 해방되었고, 곧바로 짐을 싸서 대구를 떠났다. 서울에 있는 친 언니 덕분에 한국의 수도라는 곳을 돌아다니며 무수한 지하철에 경악하기도 하고, 인천에서 학교를 다니는 친구를 만나 송도를 가려다 길을 잃기도 했다. 내겐 모든 곳과 것이 새로웠고 반짝이는 경험으로 다가왔다.

어느새 벚꽃이 만연한 봄이 찾아왔다. 나는 오래전부터 해보고 싶었던 일들에 도전하기 시작했다. 조금 특이하고 다양한 일을 하면서 여러 사람들을 알게 되었고, 다신 없을 나만의 에피소드도 찬찬히 쌓여갔다. 여름에는 우연히 알게 된 귀신의 집 아르바이트에 지원해 면접을 보았고, 극한 매력어필을 통해 당당히 합격했다. 그 때 정말 고마웠던 것은 손님들의 사소한 칭찬 한마디.

"연기 배우신거에요?"

"진짜 연기 잘하신다."

그리고 뜨거웠던 한여름 오후 한시에 야외광장에서 받는 얼음물 같은 작은 선물이었다.

겪어보니 세상은 넓고 할 일은 진짜 많았다. 그래서 나는 가만히 있을 수가 없었다. 귀신에서 사람으로 돌아온 뒤 무얼 하면 좋을까 고민하고 또 고민했다. 한 번뿐인 스무 살, 어떤 맹랑한 도전을 해볼까하다가 길었던 버킷리스트 중 하나가 내 심장을 세차게 주물렀다.

'맞아, 나 제주도에서 살아보는 게 꿈이었잖아!'

더 이상 망설일게 없었다. 그 곳으로 가기로 했다. 여행하기 좋은 계절을 맞아, 무작정 가을제주 한 달 살기를 계획했다.

가만히 있지 못하는 내가, 유일하게 몇 시간을 내리 앉아 있는 곳이 바로 컴퓨터 앞이었다. 초등학교부터 부모님이 맞벌이를 해서 하교 후에 집에서 혼자 있는 시간이 꽤나 길었다. 그래서 도서관에 가지 않으면 컴퓨터를 몇 시간동안 하곤 했다. 심지어 열 시간이 넘어가도록 컴퓨터를 할 때도 있었다. 이쯤 되면 컴퓨터 중독에 게임중독처럼 보일 수도 있겠지만, 나는 컴퓨터 게임에는 전혀 흥미가 없었다. 그저 정보의 바다 컴퓨터에서 당장 가보지 못하는 곳을 만나며,

새로운 세상에 빠져 헤엄치는 순간을 좋아했다. 그렇게 학창시절 긴 시간을 검색엔진에 미쳐있었다. 컴퓨터는 제주도로 가는 비행기에 대해서, 혹은 최근에 새롭게 나타나는 주거형태에 대해서 가르쳐주었다. 아마 그때부터 이번 제주도행은 결정되었다고 할 수 있겠다. 그 언젠가가 예상보다 빠르게 찾아왔을 뿐이다.

지금은 준비중

가을이 오기 전 두 계절 동안 꾸준히 일을 한 덕분에, 잔고가 그리 쓸쓸하지 않은 형편이었다. 제주로 가면서 큰 구멍이 뚫린 듯이 통장이 홀쭉해지긴 했지만. 어찌되었든 비행기예약부터가 시작이기에, 결정을 하자마자 컴퓨터를 켜서 삼주 뒤 대구공항에서 제주공항으로 가는 항공권을 예매했다. 평일이라서 단돈 이 만원에 항공권을 구매할 수 있었다. 내가 서둘러 예약을 한 대가로 뜻밖의 횡재를 했다고 생각했으나, 출발당일에도 그 금액 그대로 자리가 남아있었다. 사실 그 것은 횡재가 아니었고, 대구에서 제주도를 가는 비행기는 드라마에서 본 듯이 그렇게 붐비지 않아서 시기만 잘 잡으면 꽤 자주 저렴하게 구매가 가능했다. 그걸 몰랐던 나는 막힘없이 항공권을 구매했으니, 제주도가 운명이고 나를 부른다는 생각까지 했다. 때론 마음먹은 대로 일이 술술 잘 풀려서, 내 앞길만은 고속도로 일 것 같을 때가 있다. 이때의 내가 딱 그랬다.

아무도 나를 모르는 섬에 비행기가 떨어트려 준 다음, 당황하지 않고 당당하게 찾아갈 곳이 있어야했다. 한 달 살기가 꽤 유명해진 후라 다양한 형태의 집을 고를 수 있었다. 단지, 년 세를 받는 원룸이나 가족끼리 이용하는 비싸고 고급스러운 펜트하우스를 제외하고 말이다. 결과적으로 단기 계약이 가능한 원룸이나 고시원에 들어가거나, 다른 사람들과 함께 사는 게스트하우스 혹은 셰어하우스에서 지내는 방법이 있었다. 제주는 집값이 월세마저도 높은 편이니 원룸은 금전적으로 풍족해야 했다. 홀쭉해져가는 나의 통장 사정상 원룸을 구하기에는 조금 빠듯했다.

'나름 사인실 기숙사도 문제없이 잘 썼으니까!'

이번에는 셰어 하우스에서 룸메이트와 시트콤을 찍어보기로 했다. 물론 게스트하우스에서 며칠을 지내더라도, 직접 방을 보고 고르는 신중한 방법도 있다. 하지만 나는 가기 전에 해결할 수 있는 것은 다 처리한 상태로 출발하고 싶었기 때문에, 제주도 한 달 살기로 유명한 인터넷카페를 꼼꼼히 찾아보고 질문하기를 반복했다. 가장 중요시 여긴 것은 시설이나 위치보다는, 내가 가장 싫어하는 벌레와 청결이었다. 그와 관련된 물음에 대해 대부분 비슷한 답을 주었다.

'제주에 벌레 안 나오는 집이 어딨어요?'

그러다 딱 한 군데에서 그 부분은 걱정하지 않아도 된다는 회신을 보내왔다. 낭만적인 인테리어나 바다가 보이는 별장은 아니었지만, 적당한 월세와 편리한 교통권이 마음에 들었다. 비행기를 타고 간 곳에 두 다리 편히 뻗고 잘 곳이 생겼다. 마음이 그렇게 든든할 수가 없었다.

 가을 제주행은 평범한 한 달 살기를 목표로 계획 했다. 하지만 나는 한가했고 일을 하면 제주도에서 오랜 기간을 머무를 수 있으니, 되면 하고 아니면 말고 하는 다소 가벼운 마음으로 일을 찾기 시작했다. 집으로 가는 지하철 안에서도 틈틈이 휴대폰을 사용해 수시로 일을 찾아보았다. 일은 적성과 경력을 생각해 테마파크 위주였으면 했고 적어도 서비스업을 위주로 염두하고 있었다. 제주도는 관광특구답게 그 분야의 일자리가 적지만은 않았다. 하지만, 버스가 잘 다니지 않는 곳에 있거나 조건이 맞지않는 경우가 많았다. 마땅히 일할 곳을 찾지 못해서 가서 여행만 하고 와야겠다고 마음먹을 참에, 새로운 구직사이트 어플리케이션을 설치했고 딱 여기다 하는 곳을 발견했다.

 실내 어린이 놀이공원의 구인 공고였다. 아이를 좋아하고 테마파크를 선호하는 내게 딱 들어맞는 곳이었다. 혹시나 공고가 마감 될세라 보자마자 이력서를 정성 들여 쓰기 시작했고, 간절한 마음으로 이력서를 보냈다.

놀랍게도, 반나절도 지나지 않아서 바로 연락이 왔다. 회사에선 최대한 빨리 면접을 보면 좋겠다고 했지만, 항공권을 이미 구매한 탓에 죄송하다고 말씀을 드렸다. 운이 좋게도 편의를 봐주셔서 도착 후 바로 다음날인 칠일에 면접을 가기로 했다. 그사이에 다른 면접자가 자리를 채울 수도 있다는 말도 덧붙여왔다. 그렇다면 아쉽겠지만, 어차피 되면 좋은 거고 아니면 어쩔 수 없는 것이다.

어쨌든 그로 인해 제주도에 가자마자 해야 할 중요한 일이 생겼다.

한 달 살기를 계획했지만 어쩌면 한참 길어질지도 모르는 무작정 제주살기에 짐을 어떻게 싸야하나 고민이 많았다. 결국, 거의 내 방의 가구를 뺀 모든 짐을 챙기기로 했다. 제주의 날씨도 어떨지 감이 안와서 여름옷과 가을옷도 모두 챙겼고, 그러다 보니 4kg 정도의 택배 상자 두 개와 캐리어, 커다란 쇼핑백이 나왔다. 우선 두 상자는 방문택배를 이용해서 보내버렸다. 가지고 갈 짐인 캐리어는 위탁수화물로, 쇼핑백은 기내수화물로 가져갈 생각이었다. 택배까지 보내고 나니 정말 내 방이 텅텅 비어보였다. 집 안의 나의 빈 자리를 마주하자 묘한 두려움이 틈새를 비집고 올라왔다.

짐까지 보낸 뒤 주변사람들에게 말을 꺼내기 시작했다. 전혀 이해가 안 간다는 표정을 짓거나 사서 고생한다 말을 하는 사람도 있었고, 진심으로 자기도 그렇게 살고 싶다고 말을 하는 사람도 있었다.

나 역시 아무것도 모르는 상태라, 그들에게 아무런 말도 하지 못했다. 어쩌면 그들에게 해줄 말을 찾기 위해서 떠났던 걸지도 모르겠다.

새로 시작

예전부터 나는 스스로를 굳이 곤경에 몰아넣는 일을 즐겼다. 어릴 때는 아무도 가지 않는 뒷산에 친구들을 데리고 가 아지트를 만들었고, 초등학생 때는 쿠키를 만들고 싶은데 오븐이 없어서 노 오븐 쿠키 레시피를 보고 용돈으로 재료를 사와서 혼자 따라 만들기도 했다. 일을 벌이고 해결해

나가는 과정에서 갖게 되는 쾌감이, 메달을 하나씩 받는 기분과 비슷했기 때문이다. 8월의 나는 또 다른 메달을 쟁취하기 위해서, 제주행 항공권을 신나게 끊었나보다. 그러나 일주일전이 되니, 막상 다가온 날짜에 덜컥 겁이 났고, 내가 엎지른 물로부터 도망치고 싶어졌다. 짐을 싸고, 택배를 부치고, 방 정리를 하는 내내 걱정덩어리가 동행했다.

'비행기 못 타면 어쩌지.'
'그냥 익숙한 곳에 지내면 될 것을 돈 써가며 먼 곳을 가야하나.'
'제주도 사람들이 사투리로 텃세 부리는 건 아닐까.'

스스로에게 백문백답을 하며 억지로 계주선수가 된 아이처럼 출발선에 섰다.

사람은 살면서 모두 다양한 처음을 겪는다. 그 해 구월에 나는 살면서 처음으로 비행기를 탔고, 처음으로 제주도라는 섬에 발을 디뎠으며, 처음으로 여러사람과 집을 공유하는 셰어하우스 생활을 시작했다. 그날은 온통 처음이라 감정은 애매한 무지함과 낯선 섬에 대한 설렘으로 가득 차있었고, 어떤 상황을 마주하기 전에는 머릿속으로 몇 번의 비디오를 돌렸는지 모르겠다. 예를 들자면, 공항에서 수화물을 부칠 때, 비행기를 타러가기 전 보안검색대를 통과할 때, 승무원이 주는 오렌지주스를 받을 때. 처음 같지 않게 자연스레 행동하기 위해서 시작도 전에 안간힘을 썼다. 이제 진짜 혼자가 된다는 생각에 도무지 걱정덩어리는 사라지지를 않아서, 나름대로 치는 방어막이었다.

머릿속에만 있던 그날이 왔다. 한손에는 캐리어를 다른 손에는 커다란 쇼핑백을 든 채로 부랴부랴 집을 나섰다. 실수로 비행기를 놓칠까봐 세 시간이나 일찍 집을 나섰지만, 그래도 불안해서 택시를 타고 대구공항으로 갔다. 도착하고 보니 아직 창구를 열지도 않아서 여유롭게 기다리며 화장실까지 다녀왔다. 며칠 전부터 금지품목을 몇 차례나 보고 짐을 쌌는데도 보조배터리를 캐리어에 넣어둔 것을 화장실에서 핸드폰을 만지다가 깨달았다. 급하게 캐리어를 열고 보조배터리를 찾아서 꺼냈다. 거의 수술을 집도한 의사가 된 기분이었다. 그에 비해 수화물을 부치고 탑승권을 받기까지는 매우 순조로웠다. 화면에 떠있는 것이 수속시간이어서, 그 시간이 되면 수속을 밟을 수 있는 것이라고 생각했다. 수속게이트 앞에서 친구와 여유롭게 통화를 하다가, 수화물을 부칠 때 본 사람이 들어가는 모습을 보고나서 무언가 이상하다는 것을 깨달았다. 자리에서 벌떡 일어나 급하게 짐을 챙기고 게이트로 향했다. 항공권을 달라는 말에 수화물 안내표를 내밀었다. 민망함에 사무쳤다. 간신히 탑승권을 찾아 보여주곤 무사히 입장할 수 있었다.

누가 봐도 처음 비행기 타는 티를 내면서 보안검색대를 통과했다. 친절한 공항직원들은 나와 비슷한 사람을 자주 봤을테니 아무렇지도 않겠지만. 제 갈 길을 너무나도 잘 찾아가는 사람들 사이에서 나는 조금 부끄러웠다.

시간이 다 되어서 비행기에 올랐다. 처음 느껴보는 진동에 심장이 쿵쿵 뛰었으나 할 수 있는 게 없어 그저 창문만 바라보았다. 이륙하자마자 난류를 만나 비행기가 안정을 찾지 못하고 이리저리 흔들리기를 반복했다. 무서운 놀이기구도 잘 못타는 나에게 신선한 고통의 시간이었다. 하지만 모든 일에 끝은 있는 법. 한참동안 새파란 바다를 건너더니, 비행기에 약간씩 적응될 때쯤 신기루 같은 섬이 보였다.

고양이가 그려진 내 캐리어는 어디를 가나 튀는 편이다. 그래서 찾아내기도 참 쉬운데 아무리 기다려도 내 캐리어는 나오지 않다, 마지막에 주인공처럼 나타났다. 양손에 짐을 바리바리 들고 제주공항에서 이번 게이트로 나와 택시 승강장으로 향했다. 타지에서의 첫날이고 양손이 무거우니 택시를 타기로 했다. 기사님께는 주인언니가 알려준 그대로 행선지를 전했다. 덕분에 기사님은 나의 경상도 말씨를 알아채기 전까지, 나를 제주지리를 아주 잘 아는 제주도민으로 착각해주셨다. 아무것도 모르던 그 당시에 집을 조금 지나쳐 택시에서 내렸고, 지도 앱을 켠 채로 집을 향해 걸어갔다. 진한 갈비냄새가 풍겨서 배를 주리게 만드는 고깃집 맞은편 골목으로 들어가자, 인터넷으로 여러번 봐두어 눈에 익은 노란색 빌라가 나타났다. 고개를 들어 건물 벽을 보니 찾고 있던 번지수가 있었다.

문은 열려있었다. 마치 나를 기다리고 있었다는 듯이. 심지어 그때 살던 사람들이 모두 모인 특별한 밤이었다. 부엌에서는 저녁으로 먹을 찜닭이 요리되고 있었고, 거실에는 텔레비전 소리와 수다소리로 따뜻한 공기가 흘렀다. 내가 느낀 우리 집의 첫인상이다.

셰어하우스에서 산다는 건, 생판 처음 보는 사람과 부대끼며 살아야 한다는 뜻이다. 그 집의 분위기는 퍽 개인적일 수도 있고 아닐 수도 있다. 그걸 가려내서 집을 구하지도 않았고 살아보고 들어보니 그렇더라. 그렇지 않은 집도 허다한데, 참 운이 좋게도 이런저런 이야기를 하게 되는 괜찮은 사람들과 한집에 살았다. 말했다시피 벌레기피만 생각해서 집에 대한 기대는 딱히 없었다. 다행히도 집 대문과 방문을 열었을 때 큰 반전은 없었다. 인터넷에서 봤던 집의 모습과 하나 다를 바가 없었다. 집 열쇠를 받아들고 조금은 반가운 기분이 들었다.

'본가에서도 열쇠 쓰는데.'

첫 만남이라 어색한 침대와 옷장에 짐을 채웠더니 집과 조금은 친해진 기분이 들었다. 잘 채워진 첫 단추를 보며 흐뭇한 기분이 들었다.

섬생활 적응기

　제주에서의 첫 아침이 밝았다. 오늘은 생계라는 중요한 문제가 걸린 면접날이었다. 이것저것 챙겨야 할 서류가 많아서 빠짐없이 확인하고 또 확인했다. 최대한 단정한 차림으로 고른 카키색 남방을 걸치고 서류가 든 가방을 챙겨 집을 나섰다. 이곳에 오기 전부터 정성 들여 이력서와 자기

소개서까지 썼으니 '여기서 나를 원하지 않는다면 어쩔 수 없지!'라고 몇 번씩 되뇌었다. 한껏 기대를 했다가 괜히 속상할 수 있으니까.

심호흡을 크게 한번 하고 회사건물로 들어갔다. 화장실에 들려 최종점검을 하고, 면접을 보기위해 매니저님을 찾았다. 아무래도 타지 출신의 지원자가 드물다 보니 면접이 길어졌다. 감사하게도 결과는 합격이었다. 회사 원칙상 제주은행 계좌가 필요하다고 해서 재직증명서를 가지고 바로 제주은행으로 갔다. 은행에서도 취직 축하를 받고 계좌를 개설했다. 대구은행에도 계좌가 없는데 제주은행에 계좌를 만들 줄이야. 이로써, 이번년도 일복이 좋다는 법칙은 제주에서도 증명되었다. 원했던 테마파크인데다가 처음 본 면접에서 바로 합격했다는 것이 믿기지 않을 정도로 벅찼다. 심지어 자기소개서를 인상 깊게 봐서 꼭 뽑을 생각이었다는 칭찬도 덤으로 들었다. 내일부터 당장 일을 해야 하는데도 행복했다. 왜냐하면 직장을 구함으로써 한 달 살기에서 원할 때까지 살기로 승격된 셈이기 때문이었다.

여기서는 처음이지만 어느 곳보다 친숙한 이마트에 가서 필요한 것들을 사왔다. 대구는 산에 둘러싸여 항상 바람과는 거리가 멀었다. 반대로 제주는 삼다도답게 날이 습하고 바람이 거셌다. 시차처럼 날씨에도 적응이 필요한 법이었다. 안타깝게도 내 몸은 그렇지 못해서 가자마자 목감기에 허덕였다. 원래도 감기와 친한 편이라 더 심해질까 불안한 마음에 유자차를 사왔다. 이 유자차는 꽤 큰 유리병에 가득 차있었지만, 내가 집으로 돌아가기 전에 바닥을 보였다. 그 정도로 감기를 달고 살았다는 말이다.

두 번째로 산 것은, 바로 납작하고 동글동글한 도라에몽 베개다. 어릴 때 쓰던 베개에 애정이 들어서 나이가 들어도 낮은 베개를 베던 것이 습관으로 잡혔다. 그렇다 보니, 여행을 다닐 때도 숙소에는 온통 높은 베개뿐이라 나만의 작은 베개를 꼭 가지고 다녔다. 아니나 다를까 셰어하우스의 베개도 나에게는 높았다. 그래서 장만한 도라에몽은 대구 집에 돌아온 뒤, 지금까지도 요긴하게 잘 쓰고 있다.

침대에는 베개 말고도 한 친구가 더 있다. 긴 세월을 함께한 커다란 햄버거 인형. 이제 곁에 없으면 잠자리가 다

허전하다. 큼직한 몸집 때문에 데리고 오긴 조금 버거웠지만, 용케 제주까지 함께 왔다. 어디든 이 친구가 앉아있으면 그곳은 참 편해지곤 한다. 내 이름이 따로 적혀있지 않아도, 내 물건들로 가득 찬 이곳은 이제 완벽한 내 침대가 되었다.

2부

**여행하기 좋은 날,
출근하기 싫은 날**

내가 선택한, 맞춤직장

처음 스스로 돈을 벌기 시작했던 고등학생 시절, 나에게
일이란 갖고 싶은 것을 얻기 위해 필요한 돈을 버는 수단이
자 부모님과 용돈으로 빚는 마찰을 줄이는 방법이었다. 이
후 꾸준히 다양한 일을 접했고, 일에 대한 정의는 다시 내
려졌다. 일은 단순한 돈벌이가 아닌 사회 속에 내 집과 같

은 의미라고. 그래서인지 일을 그만두더라도 후에 이어서 할 일을 구해놓는 버릇이 생겼다. 쉽게 말해 할 일을 잃는 다는 것은, 사회에서 매일 찾아갈 내 집이 사라지는 느낌이 랄까. 어떻게 보면 방을 내놓으면서 새로 이사 할 집을 찾는 게 당연하듯이 이 또한 그랬다.

 제주에 아는 이가 하나 없다한들 무엇이 문제가 될까. 내 손에는 휴대폰이 들려있고, 내 앞에는 컴퓨터가 있는걸. 안 그래도 낯선 섬에서 맞지 않는 일을 한다면 괴로울 것이 뻔 했다. 그래서 조금 더 욕심을 냈고 결국 원하는 일자리를 찾아냈다. 어딘가에서 나를 기다리는 자리가 있을 것만 같 았는데, 그게 정말로 이루어진 것이다.

 대게는 아이들과 어울리는 직업이 힘드니 하지 말라는 말 을 건넸다. 이번에도 면접이야기를 꺼내자 처음 만난 룸메 이트부터 말리기 시작했다. 물론 모든 일이 그렇듯 순탄치 만은 않겠지만, 분명히 그만큼의 보람을 돌려받을 것이다. 생각해보면 모든 것이 온전한 선입견이었다. 상상이 안 될 만큼 재밌는 곳이었기 때문이다. 몸이든 정신이든 편안하려 했다면 애초에 비행기에 발을 들일 생각조차 않았겠지. 그토록 걱정을 당했지만 병아리 같은 아이들과 함께한 삼 개월은 지독한 후유증을 앓을 만큼 행복했다.

"네가 아무리 아이를 좋아한다 해도, 그게 일이 되면 싫어질걸?"

아이들이 좋아서 이 일을 한다고 하면 귀에 딱지가 앉도록 듣는 말이었다. 원래도 아이들을 좋아했지만 일을 하고 몇 배로 더 좋아하게 된 사람으로서 누구도 함부로 단정 짓지 않았으면 한다.

내가 있었던 곳은 구 제주에 있는 어린이 대상의 실내놀이공원이다. 이곳에서 약 삼개월간 매일 아홉 개의 놀이기구를 운행 하고, 커피를 만들고, 포스를 보았다. 일을 하는 와중에도 조그마한 손발로 아장아장 걸어가며 꼬물거리는 모습을 보면 절로 미소가 지어 지는데, 그 순수하고 밝은 에너지로부터 힘을 얻었다. 하루 종일 서 있어도 웃을 수밖에 없었다. 또 이곳에서 생각지도 못한 동갑친구들을 만날 수 있었고, 친해질 기회가 잘 없는 제주토박이 또래들과도 어울려 지낼 수 있었다. 그것만으로도 내겐 큰 선물이었다.

처음 뵙겠습니다

　모든 것에 있어서 득과 실이 공존한다는 것은 알고 있었다. 하지만, 최선을 다해 맑은 가을날에 출근은 너무나도 가혹하게 느껴졌다. 오전 아홉시, 전국의 수많은 직장인이 회사를 향해 걷고 있거나 이미 회사에 도착해 업무를 시작할 것이다. 그렇지만 적어도 나는 지금 제주도인데! 면접도 늦게 본편인데 입사 일까지 늦춘다면, 혹시나 간절히 바랐던 직장에서 일을 못하는 상황이 올까봐 걱정되었다. 그래서 당장 내일부터 일을 할 수 있다는 말을 한 것이 나의 업보라면 업보일 것이다. 그리하여 강한햇빛에 눈도 시리고 마음도 시린 채 첫 출근을 했다.

 도착과 동시에 쨍한 주황색 유니폼을 받았다. 옷을 갈아입고 거울에 비친 나의 모습을 보니 마치 잘 익은 감귤이 떠올라 웃음이 났다. 평일에는 주말보다 일하는 직원도 손님도 적은 편이라 적응하기엔 여러모로 수월했다. 심지어 기대도 안했던 스무 살 동갑내기도 세 명이나 일을 하고 있었고, 다들 타지냄새를 풍기는 나에게 먼저 다가와주어서 눈물겹게 고마웠다. 처음 하는 일이다보니 손에 쉽게 익진 않았다. 첫 출근에 복잡하고 많은 양의 배움은 뇌에 과부하를 불러오기도 했다. 손님이 드문드문 오는 덕에 큰 실수를 하진 않아서 그나마 다행이었다. 아마 내가 주말에 일을 처음 했다면 큰 실수를 하지 않았을까 생각할 정도로 새로운 일은 어렵고 낯설었다.

참 정신없는 첫 출근이었다. 회사를 향해 길을 찾아가는 것부터 새로운 사람들과 어떤 관계를 시작하는 것까지. 모두 몸이 뻣뻣해지는 긴장되는 일일 수밖에 없다. 그래도 나름 첫 출근을 순조롭게 해냈다. 일터에 대한 걱정덩어리 하나를 내려놓았더니 퇴근길의 발걸음이 한결 가벼워졌다.

우리들의 축제

첫 출근으로부터 몇 주가 흘렀다. 이제 무의식중 손발이 먼저 움직일 정도로 일에 능숙해졌다. 신입으로서 갖는 출근길의 떨림도 멎어들었고, 이른 아침의 졸림만 남게 되었다. 입사 후 첫 휴무도 찾아왔고 밀려있던 제주여행을 바쁘게 실천했다. 덕분에 제대로 된 휴식하나 없이 긴긴 추석을 맞아야했다. 만약 이곳에서 맞는 추석이 얼마나 고될지 알았다면, 나는 애초에 집으로 가는 비행기 티켓을 구매해서라도 연휴 내내 출근을 하는 일이 없게 했을 것이다. 혹은 첫 휴무라고 온 체력을 쏟은 뚜벅이 제주여행을 하루쯤 삼았을 것이다. 대체공휴일까지 포함된 이번 추석은 황금연휴였다. 이번연휴는 황금연휴라는 말이 무색하지 않게, 다섯 번의 주말을 겪는 느낌이었다. 중간에 생일이 끼어있었지만 너무 지쳐서 퇴근 후에도 얼마 놀지도 못했다면 말다 했다. 바쁘게 일하다보니 일은 초스피드로 익히게 되었고, 지금 떠올려도 재밌는 에피소드가 생겨나기도 했다. 그렇게 잊지 못할 특별한 추석이 찾아왔다.

 추석연휴 첫째 날이 밝았다. 아침에는 윗집 아주머니께서 추석음식을 나눠먹으라며 가지고 오셨다. 손이 많이 가는 잡채부터 시작해 다양한 종류의 전까지 고루 챙겨주셨다. 모두가 고마운 마음으로 도란도란 음식을 먹었다. 내가 제주도 명절음식을 먹다니. 출근준비 때문에 모두 먹어보진 못했지만, 이렇게나마 추석을 맞는 기분이 들어 감동

받지 않을 수 없었다. 아침식사를 마치고, 전날 회사에서 추석선물로 받은 배를 깎아서 후식으로 나누어먹었다. 명절날 가족처럼, 추석날 룸메이트 모두 모여서 음식을 나눠 먹고 있다는 자체가 신기하고 놀라웠다. 마치 텔레비전에서 본 시트콤의 한 장면 속에 있는 듯 했다. 역시 셰어하우스에 살길 잘했다.

추석을 맞아서 들뜬 것은 나뿐만이 아니었다. 아침부터 개장과 동시에 아이들이 뛰어 들어오기 시작했다. 아이들은 놀이기구를 보고 신나서 동동거렸다. 손님 수가 적으면 경쟁 없이 모든 놀이기구를 타기 때문에 비교적 안전한데, 추석이라 손님이 끊이질 않고 아이들 수가 점점 늘어나면서 들떠있는 아이들을 감당하기 어려워졌다. 아무리 소리치고 달려가도, 넘어지고 다치는 아이들이 생겨나 너무 속상했다. 우는 아이를 보며 나도 같이 울고 싶었다. 그렇기에 조금 더 신경을 써야했고 빠르게 움직여야만했다. 놀이기구가 돌아가는 소리도 워낙 큰데다가 아이들이 큰 소리로 떠들며 다른 곳을 보는 경우에는 생목으로는 전달이 어려웠다.

"그쪽으로 들어가지 마세요! 나와 주세요!"

"뛰면 다쳐요! 걸어주세요!"

큰 목소리를 계속 내다보니 금세 목이 아파왔다. 여전히 아이들을 보고 놀이기구를 진행하는 일은 진심으로 즐거웠지만, 단지 체력에 무리가 왔을 뿐이다. 처음 일을 시작할 때, 나는 변함없이 매번 신나게 놀이기구를 운행할거라 다짐했었다. 하지만 연휴동안 종종 다짐이 무너졌고, 보통의 사람처럼 피곤에 허덕이며 지친 나를 보았고 실망했다. 추석 내내 많은 손님들이 다녀가며 좋은 추억이 많이 쌓였음에도, 그렇게 힘들었던 순간이 발목을 잡고 그림자가 되어서 마냥 좋았다고 말하진 못하겠다.

과연 살면서 마법사 모자를 쓰고 눈 밑에 반짝이 스티커를 붙일 날이 몇 번이나 올까. 이틀간 진행된 할로윈 이벤트는 아이들은 물론 우리에게도 축제였다. 10월을 맞이하고 할로윈행사에 대한 이야기로 떠들썩했다. 획기적이지 않아도, 어쩌면 뻔한 것들이라 해도 모두들 조금씩 설레어했다.

할로윈 행사가 시작된 주말은 이색적인 분위기가 흘렀다. 빨간 조명이 비추는 무대에는 할로윈을 상징하는 호박이나 박쥐모형 같은 것들로 장식이 되어있었고, 무대 한쪽에는 평소에는 마주할 일 없는 할로윈 의상과 소품들이 놓여있었다. 나도 그 새로운 풍경에 마음이 들떴는데 아이들은 오죽할까. 그날도 찾아온 단골 손님 사랑이가 옷을 입으며 물었다.

"저 천사가 예뻐요?"

예쁘다고 답하니 갑자기 악마 옷으로 바꿔 입고는 다시 물어왔다.

"이거는요?"

혼자서 척척 갈아입는 모습도 기특해서 다 예쁘다고 했더니 하나만 골라달라고 졸랐다. 입고 한동안 벗지 않고 다닐 모습이 그려져서 그냥 여분이 많은 악마로 추천해주었다. 근무 교대를 하러 가야하는데, 사랑이가 한번 물어오자 여기저기서 아이들의 질문이 끊이질 않아서 은근슬쩍 자리를 빠져나왔다. 뜻밖이었던 건, 부모님들이 아이들보다 할로윈 이벤트를 더 좋아했다. 본인이 소품을 쓰기도 하고 사진을 찍으며 내내 그 자리에서 떠나지 않았다. 여러 사람들이 머리에 빨간 뿔을 달고 어깨에는 망토를 두르고 그 모습을 사진으로 남겼다. 행사가 있지 않으면 조용하던 공간이 떠들썩했다. 평소보다 더 많은 웃음이 흘렀다.

우리도 머리에 할로윈 머리띠를 쓰고 일을 했다. 많은 사람들의 즐거움에 비해, 사실 우리가 준비한건 크지 않았다. 유명한 놀이공원이나 할로윈을 대표하는 축제에 비하면 정말 사소한 것들이었다. 같이 일하는 한 언니는 머리띠를 쓰는 것에 거부감을 느끼고 싫어하는 내색을 보였다. 그런데 점심시간에 만난 언니는 써보니 생각보다 마음에 든다며 그 모습으로 여러 차례 사진을 남겼다. 처음에는 유치하다고 했던 사람조차 활짝 웃으며 사진을 찍었다. 사소한 변화가 이렇게 많은 사람에게 영향을 끼친다. 그 긍정적인 영향에 우리 모두 즐거운 해피 할로윈이었다.

누구나 관심이 필요하다

　수줍음이 많던, 눈에 띄게 밝던, 모든 아이들은 관심이 필요하다. 나는 오히려 먼저 말을 걸어오는 아이보다 조용히 나를 몰래 힐끔 쳐다보던 아이들에게 더 신경이 쓰였다. 그래서 피곤해도 먼저 말을 걸어주고 장난을 치면 아이는 금세 미소를 발사했다.

하루는 그 어느 때보다 조용한 수요일이었다. 할머니와 함께 온 초등학생 남자아이가 경직된 표정으로 회전목마를 탄다고 했다. 회전목마가 무서워서인지 함께 놀 친구가 없어서인지 알 수가 없었다. 그러다 할머니께서 한마디를 하셨다.

"여기에 오고 싶어서 서귀포에서 학교 끝나자마자 온 거에요."

아이는 그렇게 손에 꼽아 기다려왔다고 했다. 그런데 왜 그렇게 표정이 굳었는지 모르겠다고 말씀 하셨다. 그 뒤로 아이의 기대에 부응해야겠다는 마음가짐으로 졸졸 따라다니며 장난도 치고 계속해서 말을 걸었다. 결국에는 이름부터 시작해 동네 친구들 이야기까지 듣게 되었다. 처음이 어려웠지 말을 트고 나니 상기된 얼굴로 자신의 이야기를 늘어놓으며 신나게 돌아다니는 아이를 보니 마음이 따듯해졌다. 떠날 때가 되자 할머니께선 내가 부끄러울 정도로 무척 고마워 하셨다. 그 마음을 주고 어떻게든 전하고 싶으셨던 건지, 주머니에서 꼬깃꼬깃 접은 오천원을 꺼내서 건네셨다.

'할 일을 했을 뿐인데….'

 마음이 울컥했다. 아이는 헤어짐을 말하기엔 부끄러운지 몸을 배배 꼬며 떠나기 싫어했다. 이런 아이들과 있으면 의도하지 않은 순수함에 나온 행동들이 사랑스러워 나도 모르게 입 꼬리가 올라갔다. 그러고 보면 하나하나 소중하지 않은 아이가, 이야기가 없다.

 처음 일을 시작하고 안전과 친절함 그 사이에서 잔뜩 긴장해있었다. 그런 상황에서 아이들의 이름을 외우기란 거의 불가능하지만 나도 모르게 이름을 외우게 된 아이가 있다. 일주일동안 반 이상 출석도장을 찍었다. 뽀글뽀글 파마 머리에 엄마 손을 꼭 잡고 걸어 다니던 네 살배기 아이. 그 모습이 무척 귀여워 눈이 갈 수 밖에 없었다. 한가할 때마다 따라다니며 말을 걸어도 웃는 모습을 좀처럼 보여주지 않았다. 아마 그게 해웅이만의 매력이겠지만. 내가 워낙 해웅이를 예뻐해서 어머님이 제주도에 온 이유를 말씀해주셨다. 할머니댁이 제주도에 있어서 그간 자주 올수 있었던 것이고 내일이면 집으로, 그러니까 육지로 간다고 했다. 마지막으로 아이는 노란 옷을 입고 찾아왔다. 처음에는 무섭다고 엄마 품에 안겨 간신히 타던 가장 커다란 놀이기구도 이제는 혼자서 씩씩하게 타는 모습이 뭉클했다. 그 모습이 기특해서 마지막으로 안아달라고 했더니 마지못해 어머님의 부추김으로 안아주던 모습이 생생하다. 적응하느라 정신없던 그 시기에 이름을 외울 정도로 엄청난 매력둥이였던 아이. 이름 뜻처럼 큰 사람이 되렴. 해웅아!

　일한 기간 통틀어 가장 많이 본 손님은 단연 이 남매라고 장담한다. 처음에는 부모님과 왔다가 가게 일 때문에 남매끼리만 놀게 되었고, 그런 날들이 계속 반복되다보니 연간 회원권을 추천해드렸다. 그 뒤로 안보이면 서운할정도로 출석률이 높았던 이 남매는 바로, 누나 사랑이와 남동생 하늘이다. 둘 다 엄청 개구지고 활발한 성격이어서 늘 먼저 다가와 뜬금없는 질문을 던지고 사라졌다. 워낙 많이 보다보니 여러 가지 재밌는 일들이 있었지만, 그 중에서도 이 남매가 기억에 남는 이유는 따로 있다. 하루는 놀이기구를 운행하는 도중에 하늘이가 울먹이며 찾아왔다.

"누나가 없어졌어요…."

직원들이 모두 당황해서 방송을 하고, 손을 잡고 돌아다니며 사랑이를 찾았다. 알고 보니 사랑이는 다른 층 구석에 있는 놀이시설에서 신나게 뛰어다니고 있었다. 모두들 다행이라며 안심했다. 그런데 얼마 지나지 않아 사랑이가 찾아왔다. 이번에는 하늘이가 없어졌다고 했다. 이런 상황이 흔치 않았기에 모두가 걱정스러운 마음으로 빠르게 하늘이를 찾았다. 애타게 찾던 하늘이는 다른 놀이기구를 타고 있었다. 두 아이는 서로 챙겨야 된다는 부모님의 말을 잊지 않았으나, 아직은 놀이기구밖에 보이지 않는 어린아이였으니 그럴 수밖에.

그 뒤로도 두 남매는 수시로 여러 직원을 통해 서로를 찾았다. 이제 두 남매를 모르는 사람이 없을 정도로. 사랑이는 해맑게 웃으며 놀이기구를 타고 내려와서는 갑자기 생각이 났는지 동생을 찾았다. 그 모습을 보자니 귀엽기도 하고 작은 어깨에 놓인 책임감이 안쓰러워서, 어디선가 잘 놀고 있을 하늘이를 찾으러 손을 잡고 함께 나서곤했다. 심지어는 가끔씩 서로를 동시에 찾는 경우도 있었다. 그러다가

둘 다 직원한명의 손을 잡고 마주쳤다. 그리고 남매는 아무 일도 없었다는 듯 다른 놀이기구를 타러갔다. 허탈하면서도 어쩌면 당연한 결말에 직원들은 웃어넘겼다. 이 개구진 남매가 지금처럼 사랑스럽고, 맑은 하늘같은 아이들이 되었으면 하는 바람이다.

자유롭고 무궁무진한 것이 바로 아이들이다. 아이 한 명당 어른 한 명이 붙어있어도 한순간에 아이가 다치고 사라진다. 그렇기 때문에 보통 한 반에 한 선생님이 있는 유치원이나 어린이집 아이들이 단체로 오는 날은 모두가 인솔에 힘을 쏟았다. 특히 하루에 여러 곳이 겹칠 경우엔 쉴 틈 없이 긴장해야 했다. 다행히도 일하는 동안 안전사고가 난 적은 단 한 번도 없었다. 그만큼 모두가 고생했기 때문에 얻어진 결과라고 생각한다. 나는 직접 인솔을 맡을 경우 단체가 떠나간 뒤에도 한동안 다리가 후들거렸다. 행여나 잠깐 보지 못한 새에 다칠까봐 늘 하는 일임에도 긴장하고, 틈틈이 다른 곳을 보는 아이들을 주목시키느라 진을 뺐기 때문이다. 한 아이의 보호자가 아닌 여러 아이의 보호자가 되는 일. 결코 가벼운 일은 아니다. 새삼 유치원 선생님이 대단하다는 생각까지 들었다.

"왜요?"

꼬리에 꼬리를 무는 질문이 꼭 나오는 궁금증 많은 나이. 고맘때의 아이들과 이야기하다 보면 웃음이 나지 않을래야 않을 수가 없다. 보면 닳을까 만지면 부서질까 귀여운 어린이집 친구들이 다 같이 개구리 명찰을 달고 왔다. 마치 불러달라는 듯 큼직하게 이름이 쓰인 명찰을 말이다. 몰래 유심히 봐뒀다가 원래 알고 있었던 것처럼 이름을 불러주었다.

"선생님 제 이름 어떻게 알았어요?"

아이는 가슴팍에 있는 명찰의 존재도 잊고 깜짝 놀라며 물어보았다. 그러면 옆에 있는 아이가 명찰을 기억해내고, 또랑또랑한 눈을 올려다보며 자랑스럽게 말을 한다.

"야 너 명찰 있잖아. 선생님 명찰본거죠?"

또 한 아이의 이름을 불러주면 다른 아이들도 각자 자신의 이름을 어필하는데, 자세히 보니 보기 드문 성씨인 부 씨와 양 씨가 정말 많았다. 부 씨는 제주도에서 처음 알게 된 성씨이고, 양 씨는 전교에 엄마 한명이었다고 했을 정도로 희귀한 성씨라 신기해서 몇 번이고 이름을 불러보았다. 그러자 어떤 아이는 다른 반에 있던 자신의 동생을 데리고 와서 동생의 이름표도 당당히 보여주었다.

"선생님! 얘도 양씨고, 얘도 양씨에요!"

아이들은 사소한 것까지 자랑하고, 또 칭찬받고 싶어 했다. 그 모습이 귀여워서 일부러 이름을 더 열심히 보기도 했다. 나중에야 제주의 오랜 신화가 얽힌 삼성혈의 이야기를 알게 되었다. 고씨, 양씨, 부씨는 제주 삼대 성씨였던 것이다.

어떤 날에는 추자도 유치원에서 단체견학을 왔다. 전체적으로 까맣게 탄 얼굴의 아이들이 밝은 얼굴로 제주도 사투리를 쓰는 모양새가 심각하게 귀여웠다. 가끔은 제주도 사투리가 외국어처럼 들릴 때가 있었는데, 아이들이 그런 말을 구수하게 쓰고 있으니 어떻게 사랑스럽지 않을 수 있을까.

어떤 아이는 수줍게 다가와서 다리에 매달리기도 했다. 그리고 보면 아이들은 정말 예측불허다. 가장 기억에 남는 유치원 친구는 견학을 온 아침부터 계속 나를 따라다니던 친구였다. 이층에서 점심을 먹고 유치원으로 돌아가기 위해 가방 정리를 하는 시간이었다. 먼저 밥을 다 먹은 아이들은 어슬렁거리며 다가와 장난을 치기도 했다.

"선생님은 몇 살이에요?"

"몇 살 같아 보여요~?"

"마흔 살!"

"오백 살!"

어이없는 말장난에 웃음이 터졌다. 그러다 어떤 남자아이가 할 말이 있는지 뚜벅뚜벅 다가왔다. 갑자기 손을 당겨서 무슨 할말이 있는 건가 했더니 손등에 쪽하고 입술을 찍고 도망을 갔다. 망설이다 다가왔을 그 아이의 마음이 간질간질 참 예뻤다.

역할의 중요성

 할 줄 아는 것이 많아지고 제주도에 두발을 단단히 붙여 가던 때였다. 나는 유치원도 미술학원으로 다녔던 사람이지만 딱히 별난 재능을 가진 것은 아니었다. 초등학교에 갓 입학하고 언니를 따라 방과 후 미술수업에 꼬박꼬박 출석했다. 미술수업을 좋아하던 언니는 커서 화가가 되고 싶다고 했다. 어린 나는 세상에 화가라는 직업이 전부인 줄 알았고, 언니를 따라 장래희망을 화가로 정했다. 새 학년 새 학기를 맞이하면서 새로운 직업들을 아주 많이 만나게 되었다. 방과 후 미술수업도 자연스레 그만두었고, 친구들을 따라 수학학원과 영어학원에 다니게 되었다. 화가라는 꿈도, 붓을 들던 순간도 딱 거기까지였다.

어느 주말 오후였다. 성인도 탈 수 있는 큰 놀이기구를 맡았고, 놀이기구가 큰 만큼 탈도 많았다. 그래서 내가 운행해야할 놀이기구가 점검에 들어갔고 대신 페이스페인팅을 하게 되었다. 얼떨결에 붓을 쥐고 물감을 정리했다. 내가 앉은 책상 앞에는 예시로 그려진 그림판이 있었고 나는 아주 간단한 연습을 하고 곧바로 실전에 들어갔다. 부들부들 떨리는 손으로 최선을 다해 아이가 고른 빨간 나비를 그리기 시작했다. 한 아이의 볼에 나비가 생겼다. 그 아이가 돌아다니기 시작하자 많은 아이들과 부모님이 그림을 찾았고 줄은 길어졌다. 더 열심히 그림을 그릴 필요가 있어졌다. 색상이 다양하지 못해서 도안에 한계가 많았음에도. 그리고 연습이 부족해 엉망일지라도, 아이들은 손이나 볼에 스며든 색 자체를 좋아했다. 그러다 실수로 빨간 물감 한 통을 쏟아서 바닥이 흥건해졌다. 내가 저지른 일이니 빨리 수습을 하려고 일어났더니, 다른 직원과 부모님이 아이들이 기다리니 빨리 그림을 그려주라며 물감을 닦아주었다. 여러모로 마음이 불편했다. 고개를 들어보니 올망졸망한 눈망울들이 줄을 서있어서 어쩔 수없이 다시 붓을 들었다. 이토록 책임감이 든 일도 오랜만이었다. 일을 마치고 집에 와보니 바지 끝자락과 하얀색 신발에는 빨간 물감이 튀어있었다. 조금 놀라긴 했지만, 화가 나거나 짜증나지 않았다. 훈장을 받은 기분이 들어 지워지지 않아도 오히려 좋았다. 이후로 그 바지를 입거나 신발을 신으면 사람들이 살짝 남아있는 빨간 물감을 발견하곤 물어왔다. 그러면 나는 잠깐이었지만 열정적인 화가였던 그때를 떠올리며, 그 순간을 조곤조곤 늘어놓곤 한다.

떠날 곳이라고 생각하니 하나하나가 마음이 쓰이고, 지나간 시간들이 겹쳐져서 수시로 먹먹해졌다. 그렇게 언제 비로 내려올지 모르는 붕 뜬 먹구름처럼 지내고 있었다. 인형탈을 쓰고 한바탕 아이들과 뛰어놀면 몸과 얼굴은 땀범벅이 되고 앞머리는 힘없이 축 늘어진다. 마지막이라고 생각하니 피하고 싶었던 인형탈도 달가웠다.

주말에는 인형탈을 쓰고 하는 행사가 있었다. 캐릭터 인형탈을 쓰고 여기저기 돌아다니면서 아이들과 사진을 찍어주거나 놀이기구를 같이 타기도 했다. 우리끼리는 안에 누가 있는지 알고 있으니 종종 웃긴 일들이 생겼다. 친구인줄 알고 몰래 찌르고 도망을 갔다가 알고 보니 서먹한 사이의 동료였다던가 하는. 인형탈은 모두가 피하고 싶어 할 정도로 답답하고 무거워서 한번 해본사람은 절대 다신하고 싶어 하지 않았다. 특히 못된 역할의 캐릭터는 입고 나가면, 아이들이 악당이라 생각하고 괴롭히려 했기 때문에 아무도 입으려 하지 않았다. 착한 캐릭터는 아이들에게 인기도 많고 좋은 말만 들었다. 늦게 인형탈을 쓰게 되어서 어쩔 수 없이 나쁜 캐릭터를 입은 날이었다.

"악마다!"

"죽이자!"

정말 모든 아이들이 따라와서 못된 말만하고, 심지어는 때리려는 아이도 있어서 내내 도망 다니느라 시간을 다써 버렸다. 귀엽고 사랑받는 캐릭터만 만들지 왜 악역을 만들었나하는 생각까지 들었다. 드라마나 영화에 나오는 미움받는 악역의 기분을 알게 된 순간이었다.

직장, 그 이상의 의미

첫 출근부터 마지막 사직원을 쓰는 날까지 그냥 스쳐간 날이 없었다. 모든 하루가 꽉 채워진 소중한 날들이었다. 가장 많은 시간을 보내며 여러 추억을 공유한 또래 친구들. 아직도 생각날 정도로 맛있는 점심을 해주시던 식당 삼촌. 탈의실에서 종종 마주치면 꼭 먹을 것을 건네시던 이모님들. 그리고 잠깐이라도 마주했던 모든 인연들에 고마움을 전하고 싶다. 그들의 작은 인사와 소소한 대화에 기운을 얻어서 하루를 살았으니.

마지막으로 작은 블루베리처럼 사랑스러운 아이들의 모습은, 그때 보았던 딱 그 나이의 통통하고 귀여운 모습으로 기억하려한다. 아이들은 자라나고 또 언젠가 내 나이가 될 테지만, 나는 그저 스물의 나와 네다섯 살의 아이들로 새겨 놓고 말 것이다. 그럼 나를 만났던 아이들에게도 스무 살의 내가 기억될 테니까. 지나쳐간 많은 이들에게, 스쳐갔음에도 나의 모습이 짧게나마 기억되길 바란다. 그 장면이 아주 짧더라도. 하나 더 욕심을 부리자면, 그 장면이 행복한 편에 속했으면 참 좋겠다.

제주를 떠나 온지 거의 이년이 다 되어가던 여름날이었다. 그때의 나는 일을 하느라 휴대폰에 반가운 이름이 찍히는지도 몰랐다. 퇴근 후 꺼내본 휴대폰에는 부재중 전화 한 통이 와있었다. 그 전화의 주인은 바로, 시간이 흘러서 연락이 무뎌진 제주 친구였다.

"여보세요?"

"안녕! 되게 오랜만이다. 잘 지내?"

"이게 얼마만이야! 당연히 잘 지내지. 너는?"

전화기 너머로 왁자지껄한 소리도 함께 들려왔고, 곧이어 또 다른 반가운 목소리가 들렸다.

"넌 어떻게 연락이 이렇게 없냐? 같이 일했던 사람들 지금 다 모였어."

"그때 이야기하다가 너 생각나서 목소리 들으려고 내가 전화하자고 했어!"

친하게 지냈던 상화언니의 목소리였다. 살기 바빠서, 일상에 집중한다는 핑계로 미루던 일을 언니는 했다. 그러고 보면, 언니의 첫인상은 꽤 차가운 편이었고 친해질 수 있을까 생각했었다. 하지만 이제는 안다. 그녀는 참 정이 많은 사람이다. 나를 기억하고 떠올려주는 사람에게 무한한 감동이 일었다. 그리고 나 역시 한 번씩 그때를 떠올렸지만, 수많은 핑계로 먼저 연락하지 않았던 것이 떠올라 고마움보다 미안함이 앞섰다. 간단한 안부를 주고받았을 뿐인데, 마음이 촉촉해졌다. 아, 꼭 다음에는, 돌아오는 내년에는, 내가 먼저 전화를 걸어야겠다.

3부

스물스물 & 뚜벅뚜벅 여행기

베짱이의 여행

이솝우화에 나오는 개미와 베짱이는 결코 그 누구도 행복하지 않았을 것이다. 일만 해서는 여행의 즐거움을 모르고, 놀기만 한다면 일의 보람을 알 수 없으니. 등에는 기타 대신 삼각대를 메고 손에는 빵이 든 봉지를 들고 길을 나섰다. 어디를 가도 처음 인터라 터미널에 가서 노선도를 살

피면 그날의 목적지가 보였다. 가깝게는 집 앞 용두암부터 섬 반대편 서귀포까지 두 발을 디뎠다. 열심히 일을 한 만큼, 제주에게만 받을 수 있는 선물을 갖고 싶었다. 그래서 일주일마다 돌아오는 베짱이의 날을 다채로운 여행으로 꽉 꽉 채워나갔다. 맑은 날에는 반짝이는 바다가 기다렸고, 비가 오면 숲의 공기가 짙어질 뿐이었다. 개미처럼 일하다 휴무에는 베짱이가 되는 나의 여행은 그렇게 시작되었다.

마중과 배웅

첫 여행은 정말 달콤했다. 비록 이틀 뒤에는 또 다시 출근
일지라도 두 다리가 가벼웠다. 낮도 아깝고 밤도 아까웠다.
처음 여행을 하는 동안에는 믿기지 않는 이 순간이 끝나지
않았으면 했다. 설렘을 가득 안고 도착한 첫날, 밤 비행기
로 도착한 제주는 캄캄한 어둠이 내려있었다. 그 이후로는

바로 일을 시작했기 때문에, 휴무 하루 전에는 상상했던 제주를 만날 생각에 얼마나 두근거렸는지 모른다. 처음 맞는 제주의 자연은 나에게 어떤 모습을 보여줄지, 높고 맑은 하늘과 해외처럼 투명한 바다를 그리며 잠들었다.

햇살은 밝았고 피곤함도 잊은 채 기상했다. 그날의 아침은, 마치 밤에 도착한 여행지에서 맞는 다음 날 아침처럼 다가왔다. 며칠 전부터 어디를 갈지 고민했지만, 어딜 가도 모두 처음 가는 곳이라 오히려 더 신중해져서 정하기가 쉽지 않았다.

그래서 결국 외출준비를 마칠 때까지 마음속에는 여러 후보지가 심판 중이었다. 결국 모든 노선이 시외버스터미널이 출발지였다. 그러니 집에서 버스로 이십분 남짓 걸리는 터미널로 향하는 것이 가장 빨리 목적지를 정하는 길이라는 생각이 들었다.

터미널에 도착하자 평일치고는 꽤 많은 사람들이 버스를 기다리고 있었다. 전광판에는 버스노선도와 출발시각이 차례대로 표시되어있었다. 나는 가장 빨리 오는 버스노선도를 살폈고, 마음속 후보지 중 한 곳인 산굼부리를 보고 내심 반가워서 산굼부리로 정했다. 단순한 결정에 마음이 편해졌다. 720번에 오르자 곧바로 문이 닫혔다.

아, 제주도는 도착지를 말하고 교통카드를 찍어야한다. 처음에는 이 문화가 낯설어서 그냥 찍었다가 목적지를 말하라는 기계의 외침과 기사님의 물음에 민망했지만, 익숙해진 이후로는 다른 관광객이 그렇게 행동하는 모습을 보고 나의 과거를 회상하기도 했다. 나중에는 너무 익숙해진 나머지, 육지로 돌아와서도 목적지를 말하려다 아차 싶기도 했다.

방향을 틀리지 않고 버스를 잘 탔다는 안도감에 노래를 들으며 창밖을 바라봤다. 내가 그토록 바라던 여유였다. 하지만 그 순간이 그리 길게가진 않았다. 순식간에 숲길로 들어섰고, 꼬불 길이 시작되면서 극한 멀미에 시달려야 했다. 순간 비교적 가까운 해바라기 목장이나, 사려니 숲길에 내릴까하는 생각이 들 정도로 버스는 굽은 길을 내리 달렸다. 그렇게 산굼부리에 도착했다. 외국인 관광객부터 가족단위의 관광객들이 주를 이루었다. 입장권을 받아들고 안으로 들어서기까지는 오랜 시간이 걸리지 않았다. 어떤 풍경이 펼쳐질까 궁금한 마음에 입구로 빠르게 이동했다. 멀미로 고생을 한터라, 배가 고파서 감자 핫도그를 한 손에 쥐었더니 좀 더 풍족한 여행을 하는 기분이 들었다. 길이 여러 갈래로 나뉘어서, 둘러보다 사람들이 가장 많이 가는 메인 코스로 향했다.

'역시 이런 곳에서는 사람이 많은 곳으로 가는 게 정답이다!'

물론 내려오는 길에 들린 다른 길도 아름다웠지만, 많은 이들이 있던 그 길이 가장 빠르게 정상으로 가는 길이었다. 산굼부리를 좋아하게 된 가장 큰 이유는, 정상에서 보는 숨이 탁 트이는 그림 같은 전경도 있지만, 무엇보다 그 정상까지 가는 길이 완만하고 짧아서 편하다는 점이었다. 그래서 가족단위의 관광객이 많은 건지도 모르겠다. 대부분의 사람들은 분화구보다는 드넓게 펼쳐진 억새밭으로 눈이 가 있었다. 그만큼 그림자처럼 그늘진 분화구가 쓸쓸해 보였다. 아마 긴 시간을 그렇게 지내왔겠지. 진한 녹색의 풀들이 메워진 분화구는, 몇 배로 힘들게 올라서 만났던 성산일출봉의 분화구보다 훨씬 먹먹하게 느껴졌다.

　두 번째로 산굼부리를 찾은 것은 11월의 끝자락이었다. 여름의 푸르던 억새들이 온통 은빛으로 탈바꿈했고, 더 많은 관광객이 찾아오던 때였다. 얇은 옷차림으로 찾았던 나의 뒷모습을 쫓아, 전과 같은 코스로 걸었다. 어느새 코트를 입고 베레모를 쓰는 계절. 나처럼 억새도 옷을 갈아입은 모습이었다. 풋풋했던 언덕은 언제 그랬냐는 듯 다른 풍경으로 흔들거렸다. 9월과 11월, 모두 가을에 속해 있다는 게 무색할 정도였다. 녹색의 분화구에도 사이사이 오색의 단풍이 올랐다. 톡톡 튀는 색감은 아닐지라도, 진한 녹색으로 가득 찼던 분화구에 그만한 선물이 있을까.

　사람들에게 애정을 듬뿍 받고있는 억새밭은, 눈밭처럼 너무 새하얗기만 했다면 이토록 정이 가진 않았을 것이다. 보드란 아이보리색과 줄기의 진한 갈색이, 이 곳을 더욱 따뜻한 온도의 풍경으로 만들었다.

　걷다보니 갓 입사를 하고 뚜벅뚜벅 이곳을 찾았던 그 때가 자연스레 떠올랐다. 긴장과 설렘이 뒤범벅되어, 크게 휘청거리던 나를 붙잡아준 고마운 곳. 산굼부리는 나에게 잘 왔다고 위로를 건넸고, 이번에는 잘 가라고 인사를 건네어왔다.

 터덜터덜 길을 내려오는 중에 한 할아버지와 손자를 보았다. 어린손자는 할아버지의 손을 꼭 잡고, 자칫 아이에겐 지루할 언덕길을 칭얼거리지 않고 조심히 내려가고 있었다. 어디선가 노인이 되는 것은 아이로 돌아가는 과정이라는 글을 본 기억이 났다. 그리고 보면 둘은 정말 잘 어울리는 친구같이도 보였다. 그들과 가까워지면서 조곤조곤한 말소리가 들리기 시작했고, 의도치않게 할아버지의 이야기를 듣게 되었다. 할아버지는 아이에게 자신이 살아온 인생을 건네고 있었다. 젊은 시절 겪었던 잊지못할 경험들을. 할머니와 함께했던 소소한 일상들을 이야기 장수처럼 늘어놓았다.

"예전에 동네에서 제일 예쁜 친구가 할머니였어."

 그러자 유치원생으로 보이는 손자는, 궁금증이 많았는지 할아버지의 한마디마다 신나서 대답을 했다.

"그래서? 할머니는 왜 그랬대?"

소곤소곤 그들의 대화는 계속 되었다. 손자의 눈높이에
맞게 말을 하려는 노력과, 순수하게 돌아오는 답은 괜히 내
입 꼬리가 올라가게 만들었다. 얼떨결에 들은 대화로, 나는
그 순간 조금 더 행복해졌다.

함덕의 매력

 세상에 많고 많은 여행지가 있는데, 굳이 한번 가본 곳을 또 가는 이유를 알지 못했다. 하지만 산굼부리와 함덕서우봉해변은 그 생각을 바꾸는 계기가 되었다. 두 곳 모두 첫 여행지였기 때문인지 유달리 정이가고 포근했다.

 함덕은 생각하고 간 곳이 아니었다. 룸메이트 언니들의

추천으로 귀에 익은 여행지였을 뿐. 첫 휴무, 산굼부리에서 나와 바다를 갈 생각이었지만, 어느새 해가 지고 있었다. 밤이 되기 전 어느 바다라도 가야했다. 문득 함덕이 집에서 가깝다던 말들이 머리에 스쳤고, 그렇게 즉흥적으로 함덕에 갔다. 숱하게 봐온 밤바다는 그렇게 썩 내 취향이 아니었다. 소리로만 느껴지는 까만 바다와, 바다가 아닌 밤의 해변을 즐기는 사람의 모습으로 기억되어 있었다. 특히 제주에서만 볼 수 있다던, 투명하고 선명한 하늘빛의 바다가 궁금했다. 하지만 애석하게도 이동 중 해는 점점 사라졌고, 정류장에 내렸을 때는 완전히 깜깜한 밤이 되어있었다. 기대했던 제주의 바다는 물빛이 아예 보이지가 않아서, 솔직하게 당시 심정으로는 광안리해변과 다를 바가 없었다. 하얀 백사장과 그간 익숙해진 야자수를 제외하고는.

그래서 다음 날 아침 오기로라도 함덕에 다시 갔다. 모두가 예쁘다고 하는 이유를 나도 알고 싶었다. 또 다시 삼각대를 등에 이고 길을 나섰다. 원래대로라면 다른 방향인 애월 쪽으로 향할 생각이었지만, 낮의 함덕 해변을 만나고 싶었기 때문에 어제와 같은 함덕행 버스를 탔다. 그리고 기대가 배가 되어서, 도리어 실망할지도 모를 그 해변으로 향했다. 그래도 두 번째라고 익숙하게 행동하는 내 모습이 웃겼다. 어제 왔던 탓에 어렵지 않게 정류장에 맞춰 내렸다. 중요 여행지는 외국어로도 방송이 되기에 놓칠 리도 없었다. 신호등을 건너 내 키의 세배는 되어 보이는 함덕서우봉해변 표지판을 지나쳐 안으로 들어갔다. 주차장을 지나 사람들의 북적이는 소리가 가까워져갔다.

  드디어 이 녀석을 낮에 만났다. 내 소중한 휴무 이틀내내 들린 곳이라니. 얼마나 대단할까 싶었는데 정말 지나치게 눈부셨다. 처음이라 더 확대 된 부분도 있겠지만, 나에게는 현실감을 잃게 만드는 풍경이었다. 낮이라서 예쁜 것은 바다뿐만이 아니었다. 해변의 하얀 모래와 야자수의 초록 잎이 훨씬 빛나보였다. 하늘을 올려다 보았을 때는 내가 아는 한국이 맞나 싶었다. 넓게 깔린 잔디밭과 야자수의 푸르른 조화도 이국적이었다. 그 위를 맨발로 아장아장 걸어다니는 아기와, 그 모습을 아슬아슬하게 지켜보는 젊은 부부의 웃음까지 모두 그림 같았다.

떨어진 작은 해변은 물빛이 더 맑아보였다. 그 곳에는 비키니를 입고 태닝하는 외국인 무리가 있었다. 구월 중순이면 어떠한가. 해변에 그 누구도 비키니를 입지 않고 있다면 또 어떤가! 그들은 자유롭다는 말 보다, 누군가를 의식하지 않은 그들 그대로였다. 그 뒤로도 바다가 그리우면 함덕에 갔다. 급격히 변하는 날씨 탓에, 바닷바람이 거센 날에는 모르고 얇은 옷을 입었다가 독한 감기를 얻어오기도 했지만 그곳이 밉지 않았다. 지금 당장 제주에서 가장 가고 싶은 바다를 묻는다 해도, 당연히 함덕이라 답할 것이다. 나는 그만큼 함덕에게 반해버렸나 보다.

나도 해.바라기

　나의 동행은 삼각대일 뿐인데, 함께 있으면 시간이 어찌
나 빠르게 가는지 모르겠다. 함덕을 잠깐 들렸다가 해바라
기 농장으로 가는 버스를 탔을 뿐인데, 해가 내려오고 있
었다. 심지어 한번 환승까지 해야 하는 입장이라, 버스에
서 마음을 졸이며 창밖만 바라봤다. 지도 속 환승정류장의

안내방송을 듣고 하차벨을 눌렀다. 고속도로 한가운데라고 느껴질 만큼 황량한 도로 한가운데에 하차했다. 믿을 수 없어 한참동안 지도를 살폈다. 처음이라 그토록 황량한 곳이 많다는 것을 아직 몰랐을 때니까. 그 뒤로 구석구석 뚜벅이 여행을 다니며, 사람이 많은 길이 더 어색하게 느껴졌다. 어쨌든, 지도가 가라는 정류장으로 이동했고 다행히 몇 분 지나지 않아서 갈아탈 버스가 도착했다. 내 발이 땅에 닿기 전에, 해가 바닥에 닿지 않길 간절히 바랐다. 해바라기 농장 정류장은 환승하던 정류장보다 더욱 조용하고 시골스러웠다. 쭉 이어지는 일차선 도로를 걸으며 바라본 하늘은 오묘한 빛깔의 노을이 남아있었다. 완전히 고개를 들어 하늘을 보니, 마치 우주를 걷는 듯 했다.

달이 뜨고 점점 밤이 다가왔다. 해바라기는 떨어지는 해를 따라 고개를 떨어트렸다. 물론 노란 물결은 그 자체로 고왔지만. 속으로 들어서자 각종 벌레와 질퍽한 흙이 나를 반겼고, 혼자서 난리 법석을 떨다 민망함이 밀려와 살금살금 해바라기 속으로 들어갔다. 화창한 해를 받는 해바라기

들을 예상했던 터라 속이 조금 상했지만, 사진은 그런대로 잘 나와서 그나마 기분이 회복됐다. 삼각대로 마음껏 사진을 찍으며 해바라기를 만끽했다. 문득 주변을 둘러보니 버스로는 오기 힘들어서 그런지, 혼자 온 여행객은커녕 관광객은 나 혼자뿐임을 느꼈다. 그 적막 속에 차 한 대가 들어왔다. 할머니 할아버지까지 모신 대가족이 떠들썩하게 해바라기 밭을 향해 걸어왔다. 그중 손녀로 보이는 내 또래의 여성분이 사진을 부탁했고, 환하게 웃는 가족을 보자 대구에 있는 가족들 생각이 나서, 프로 사진작가로 빙의해 열심히 사진을 찍어드렸다. 나는 삼각대로 여러 차례 사진을 찍겠지만, 그들에게는 몇 없는 가족사진이 될 테니.

떠들썩했던 대가족이 떠나자, 참을 수 없는 고요와 어둠이 밀려와 서둘러 밭을 빠져나왔다. 집으로 돌아가기 위해서 버스를 다시 타러 가야했다. 깜깜해진 주위를 의식하고 나니 가족들 생각이 짙어졌다. 빠져나가는 차량을 보고 있으니, 히치하이킹을 하고 싶다는 생각이 굴뚝같았다. 이 순간만큼은 저 가족들의 일원이었으면 하는 생각이 솟구쳤다. 밤이 되자 배차간격이 사십분으로 늘어난 버스를 원망

하며 정류장에 섰다. 다행인지 불행인지 여행객으로 보이는 남자 두 명이 같은 정류장에서 버스를 기다리고 있었다. 너무 심심해서 말이나 걸어볼까 하다가 두 사람의 이야기가 즐거워 보여서 관뒀다. 가족들도 친구들도 절절히 생각나는 미련한 밤이었다.

비, 숲, 까마귀

제주가 사랑스러운 이유 중 하나는, 내가 사랑하는 바다도 산도 숲도 모두 존재한다는 점. 전부터 꼭 가보고 싶었던 사려니 숲에 가는 날이었다. 택시기사님이 추천해주신 여행지 중 한 곳이기도 했기에 기대가 컸다. 그런데 하필이면 비가 툭툭 떨어졌다. 몇 차례나 가보려 했지만 숲이다 보니 해가 지기 전 이른 시각에 문을 닫아서 가지 못했다. 그래서 이번에는 조금 서둘러 준비를 마치고 집을 나섰다. 조금씩 떨어지는 빗방울에 주춤했지만, 꿋꿋이 우산을 한 손에 챙겼다.

'그래도 숲이니까. 나무에 가려져 비도 덜 맞을 것이니, 오늘이 딱 이네.'

차라리 비오는 날엔 더 괜찮겠다고 합리화를 하면서 버스에 올랐다. 제주의 가운데로 향하자 창에는 점점 거센 빗방울이 스쳤다. 눅눅한 공기가 가득 찬 습한 버스 안에서, 해가 구름에 가려 대낮에도 어두운 창밖을 바라보니 도저히 내릴 엄두가 나지 않았다.

빽빽한 숲으로 들어찬 도로에, 덩그러니 놓여있는 정류장에 뚝 떨구어졌다. 버스는 따뜻한 편이었는지 숲 입구로 가는 길엔 추위가 느껴졌다. 챙겨온 외투를 꼭 여미고 주변을 살폈다. 어쩌면 공포영화가 떠오르는 풍경이었다. 고개를 위로 꺾어도 보기 힘든 높이에 있는 나무들이 무서웠고, 빽빽 울어대는 까마귀 떼는 몸을 옴짝달싹 못하게 만들었다. 난생처음 그렇게 많은 까마귀가 우는 모습을 봤으니 놀랄 수밖에. 비가 많이 와서 그런가 보다 생각하며 숲으로 들어섰다. 누군가에게 전화라도 하고 싶었지만, 우산을 써도 맞게 되는 강한 비바람에 휴대폰을 꺼내는 것조차 어려웠다. 주변에는 사람이 한 명도 없었다. 기댈 구석이 없으니 나는 강해져야했다. 심장은 주체 할 수없이 빠른 속도로 뛰었지만, 발걸음에 일부러 힘을 주고 고개를 바싹 들어서 당당히 걸었다. 당장엔 그게 최선이었다.

아직 마감시간까지 두 시간이나 남았는데도, 출입이 제한되어 있었다. 막힌 입구가 당황스러워 멍하니 서있자, 텅텅 비어 보였던 경비실에서 직원이 나왔다.

"지금 비도 많이 오고, 특히나 숲은 아가씨 혼자 들어가면 위험해서 안돼요!"

이 시간에 왜 혼자 왔냐는 말도 덧붙여서 상황을 설명해 주셨다. 이렇게까지 말리는 이유가 있지 않을까 싶었고, 다음을 기약하자는 마음이 팔십 퍼센트까지 차올랐다. 그런데 남은 이십 퍼센트의 오기가 내 발목을 잡았다. 왠지 오늘이 아니면 다시 오지 않을 것 같았다.

"입구만 살짝 보고 오면 안될까요? 저 버스타고 한참 걸려서 왔어요."

간절한 목소리로 최대한 불쌍한 표정을 지으며 부탁드렸더니, 경비아저씨는 생각보다 흔쾌히 승낙해주셨다.

"그럼 조심해서 멀리가지 말고 삼십분 안에 돌아와요."

그 말에 힘차게 대답하고, 입구에 막아둔 줄을 넘어서 숲으로 들어갔다. 나무가 우거진 숲은 바깥보다 훨씬 아늑했다. 걸어들어갈수록 까마귀 떼의 울음은 멎어갔고, 잎사귀에 톡톡 떨어지는 빗방울 소리로 대체되었다. 소리를 녹음하는 버릇이 있는 나는, 어김없이 멈추어 서서 소리를 녹음했다. 가만히 서서 소리를 녹음하는 동안, 짙은 흙냄새와 특유의 비 냄새가 고스란히 올라왔다. 온몸으로 숲을 느낀 순간이었다.

숲이라면 나무그늘 아래 쉽게 삼각대를 설치할 수 있을 것이라고 생각했지만, 비가 너무 많이 오다보니 모든 자리가 젖어있어 그건 불가능해졌다. 결국 힘겹게 등에 지고 온 삼각대가 무용지물이 되어버렸다. 그래서 포기하고 사진을 대신해, 눈으로 마음으로 열심히 숲을 새기고 있었다. 그러다 뒤에서 발걸음 소리가 들렸다. 자신만만하게 들어오긴 했지만, 한편으론 경비아저씨의 목소리가 맴돌아 긴장을 푸를 순 없었다. 그래서 나도 모르게 엄청 움츠리고 있었는지, 발걸음 소리에 깜짝 놀라서 뒤를 돌아보았다. 버스정류장에서 내린 뒤부터 지금까지, 경비아저씨를 제외하고 아무도 보지 못한 탓에 더욱 크게 반응했다.

알고 보니 친구끼리 여행을 온 여자 둘이었다. 우리는 각자의 우산과 우비아래에서, 여행객스러운 대화를 간단하게 나누었다. 그녀들은 서울에서 온 여행객이었고, 혼자서 이곳에 온 나를 신기하고 대단하다는 눈으로 바라봤다. 조심스레 사진을 부탁했더니, 익숙하게 내 폰을 받아들었고 꽤나 만족스러운 사진을 찍어주었다. 엄지까지 치켜세워 고마움을 표시하고 숲을 나왔다. 발걸음 소리하나에 공격적인 멧돼지와, 우비를 깊게 눌러쓰고 한 손에는 흉기를 든 영화 속 살인마를 떠올렸던 내가 우스워졌다.

숲을 나오자마자 경비아저씨께 용기 있게 무사히 다녀왔

음을 알리고 싶었다. 당연히 계실 것이라고 생각한 경비실
은 아무리 봐도 비어있었다. 인사도 못 드리고 집으로 돌아
가려니 왠지 아쉬움이 들었다. 그 때, 숲길 끝에서 우비를
장착하고 한 손에는 삽을 들어 흠칫하게 만드는 모습으로
경비아저씨가 나타났다.

"어? 아가씨 잘 갔다 왔어요?"

"네! 사진도 찍고 왔어요!"

뿌듯한 목소리로 전혀 안 무서웠다고 대답했다. 경비아저
씨는 아빠 같은 미소를 지으며 대단하다고 말해주셨다. 문
득 다시 까마귀가 우는 지점에 돌아온 것을 깨달았다. 지금
날씨가 이래서, 까마귀가 이렇게 많이 울부짖는 것이라고
생각한 나의 추측이 맞는지 궁금했다.

"여기는 사시사철 까마귀가 우는 곳이지. 쟤네는 이게 반
기는 거야."

그 말을 듣고 나니, 내가 이제껏 겁먹었던 모든 환경들이
스스로 가둔 공포 속이었다는 것을 깨달았다. 경비원 아저
씨께도 사진을 한 장 부탁드렸다. 차마 민망해서 기념으로
같이 찍자는 말까지 내뱉진 못했지만. 그리고 거의 버스 정

류장까지 배웅을 해주신 그 마음 덕분에, 더 이상 까마귀의 울음도 무섭게 느껴지지 않았다. 빽빽하게 우거진 커다란 숲은 이제 따뜻하게 느껴졌다.

조용한 전성기

사람에게도 전성기가 있듯이, 꽃들도 제 자신을 가장 화려하게 뽐내는 때가 있다. 우리는 그때를 '개화시기'라고 한다. 계절마다 제철 과일을 사는 것처럼, 개화시기마다 만개한 꽃을 만나며 살아간다면, 조금 더 낭만적인 삶을 살 수 있지 않을까.

솔직히 말하자면, 나 역시 메밀 꽃 필 무렵이 언제인지조차 모르고 살았다. 그저 국어 교과서 속 목차의 일부일 뿐이었다. 그런 나에게 새하얀 들판과 파란 하늘은 꿈처럼 다가왔다. 하얀 꽃에서 파란향이 났다. 공기조차 푸르렀다. 향이 나지 않는 조화나, 화분 속에서 외롭고 힘들게 핀 꽃과 다른, 씩씩한 푸름이 좋았다.

오라동에서 한창 메밀꽃축제가 열리고 있었다. 차가 없으면 정류장에서 한참을 걸어야하는 그곳은 뚜벅이 여행으론 찾아가기 힘들었다. 그래서 찾아가기 편리한 다른 메밀밭을 찾다가 '항몽유적지'를 알게 되었다. 제주도에서 몽골의 침략에 항쟁했던 역사를 기억하기 위해 만들어진 곳이었다. 그리고 그 기념관 주변으로 유명한 메밀밭이 넓게 펼쳐져 있다고 했다. 그나마 대중교통으로 가볼만한 엄두가 나는 거리여서, 그곳에 가야겠다고 마음을 먹었다.

쨍쨍한 햇볕에 아스팔트가 따끈한 날씨였다. 핸드폰을 꺼내어 노래를 틀고 지도를 켰다. 그리고 버스에 올랐다. 처음으로 중산간 노선의 버스를 타서 마음이 들떴다. 처음 보는 풍경과 낯선 사람들의 이야기소리, 살짝 열어놓은 창문 사이로 들어오는 바람이 살랑거렸다. 제주에서 햇빛이 가장 강했던 날이라고 해도 무색할 날씨였다. 물론 비가 오는 것보다는 훨씬 좋다지만, 지도에 나온 도보거리보다 훨씬 멀어서 땡볕아래 고생을 좀 했다. 원래 여행이라는 게 다 고생이라고 토닥이며 뚜벅뚜벅 걸었다. 차가 잘 다니지 않는 일차선도로는 노래가 없었다면 많이 쓸쓸했을 것 같다.

어느 순간부터는 꽤나 오르막이었다. 산으로 들어가는 듯했다. 조금 높이 올라가자, 저 멀리 수평선이 보이기 시작했다. 평일이라 그런지 늘 이런지, 오가는 사람도 적고 걸어가는 사람은 전혀 보이질 않았다. 속으로 길을 잘못 왔나 싶었지만, 지도를 믿고 따라갔더니 목적지의 간판이 나타났다. 사람이 너무 없어서, 넓게 펼쳐진 메밀꽃밭을 전세 낸 느낌이었다.

누구를 위해 꽃을 피운 것은 아니겠지만, 흐드러진 꽃들이 그저 흔들리고만 있는 것이 가여웠다. 더 많은 사람들이 찾아와 눈길을 받았으면 싶었다. 그래서 혼자보기 아까운 풍경을 영상통화로 공유하고 사진도 질릴 만큼 찍었더니, 어느새 걸어온 피로까지 밀려와서 기력이 다해버렸다. 버스 시간표를 살펴보니 도착시간이 한참 남아서, 휴게실에 마련된 기념품 구경을 하다가 제주도 관광책자를 훑어보았다. 열심히 살피다 제주도 전체 지도를 집어 들었다. 생각해보니 여행을 시작하고 남긴 것이 기억나지 않아서, 다녀온 여행지라도 기록을 해야겠다고 다짐했다. 이왕이면 정성스레 종이에 기록하고 싶었다. 그래서 고르고 고르다, 끝까지 고민되는 두 종류의 제주지도를 가방에 챙겼다.

집으로 돌아오자마자 지도를 펼쳐서 다녀온 여행지를 표시했다. 시간이 흐를수록 지도에는 동그라미가 많아졌다. 이제 그 지도는 여기저기 흔적이 남은 채로 내 서랍 속에서 고이 잠들어있다. 언젠가 이 여행이 그리울 땐 오랜만에 잊고 지내던 지도를 깨워봐야지.

분홍머리

한창 인기를 끌었던 '핑크뮬리'라는 분홍색 갈대를 인터넷에서 본 후로, 그 색다른 풍경이 내 머릿속에서 떠나질 않았다. 이번 해가 가기 전, 꼭 보고 싶은 마음에 제주도에서 핑크뮬리가 있다는 곳은 모두 찾아보았다. 여기저기 이런저런 장애물이 있었다. 예를 들면 도저히 버스로 갈 수

없는 곳이거나, 사람들이 터져나가는 카페거나. 그래서 반 정도 포기한 마음으로 검색을 하다가, 끝물을 맞았지만 그나마 마음에 드는 곳을 찾았다.

그곳은 바로 반대편 서귀포에 있는 '노리매 공원' 이었다. 이곳은 뜻밖의 터닝 포인트가 되어준 곳이다. 왜냐하면 바로 짝꿍처럼 데리고 다니던, 유일한 동행 삼각대를 댕강 부러트렸기 때문에. 귀찮음에 삼각대를 접지 않고 연못주변을 걸어가고 있었다. 강아지를 발견하고 다가서다가 삼각대 한쪽 발이 걸려 삼각대를 놓쳤고, 그로인해 떨어진 삼각대는 그대로 머리가 부서졌다. 충격적이었다. 혼자여행에서 빼놓기 힘든 친구를 잃은 기분이었다.

'당장에 핑크뮬리랑 사진은 누가 찍어줄 것이며, 이만큼 괜찮은 삼각대를 찾을 수 있을까?'

머릿속에 이런저런 걱정이 스쳐갔다. 고칠 수 있을 것만 같아서 미련스럽게 부서진 삼각대를 고이 접어서 집까지 가지고 왔다. 그만큼 믿기지 않았다.

결과적으로 삼각대가 여행에서 사라진 건 손해 보는 일이 아니었다. 낯선 여행지에서 처음 보는 사람에게 말을 더

적극적으로 걸게 되었으니. 사진만큼 좋은 핑계가 없었다.

"저기 혹시…. 사진 한 번만 찍어주실 수 있나요?"

당장 버스를 타야하는 사람이 아닌 이상, 대부분 흔쾌히 핸드폰을 건네받았다. 고맙다는 인사와 함께 더 많은 이야기를 나누기도 하고.

"저도 찍어드릴까요?"

답례를 할 때도 있었다. 사라진 삼각대는 나에게 더 많은 이야기를 주었기에, 제주를 떠날 때 까지 새로운 삼각대를 사지 않았다.

핑크뮬리를 보러가는 길은 꽤나 외진 길이었다. 시골의 주택가 골목을 들어간다고 해야 할까. 차로 간다면 어떨지 모르겠지만, 휴대폰 속 지도가 안내해준 도보 길은 그랬다. 좁은 흙길은 정겨웠고 조용한 시골동네는 평화로웠다. 특히 주택주변의 감귤 밭이 참 싱그러웠다. 아직은 주황빛으로 변해가는 과정이었지만, 그 모든 열매가 햇빛을 받아 탐스러워 보였다. 열심히 남은 길을 걸어서 목적지에 도착했다. 평일의 관광지는 대체로 한적했고, 이곳 역시 그랬다.

공원은 넓었고 볼거리도 찍을 거리도 많았다. 인공이라지만 잘 가꾸어진 풍경은 아름다워서, 유유자적 걸으며 마음껏 감상했다. 오랜만에 벤치에 앉아서 멍하니 생각에 잠기기도 하고, 하얗고 작은 강아지들을 차례차례 만나며 쓰다듬어 주기도 했다. 삼각대가 부서져 사진은 덜 찍더라도, 괜찮은 오후였다. 기대했던 핑크뮬리는 지난번 비바람의 타격으로 거의가 드러누워서 쑥대밭에 가까웠고, 고운 분홍빛은 얼핏 사진에 잡힐 정도로 남아있었다. 생각만 하다 너무 늦게 만나러 온 나의 잘못이 컸다. 핑크뮬리 하나만 생각하고 왔지만, 둘러보니 공원 자체가 좋았고 그걸로 됐다. 핑크뮬리는 다음 해에 늦지 않게 만나야겠다.

'같이'의 '가치'

활동적인 일을 선택했고, 그에 맞게 많은 사람들과 어울리며 신나게 일을 했다. 퇴근 후에 집으로 돌아가도 룸메이트가 있었으니, 보통 나의 하루는 사람들로 붐볐다. 그래서 휴무에는 혼자서 하는 편안한 여행이 좋았다. 하지만 때때로는 함께하는 여행이 그립기도 했다. 맛있는 음식의

최소주문이 이인분이라던가, 기념품을 고르는데 같이 고민해줄 사람이 없을 때 더욱 그렇게 느꼈다. 한 때는 이렇게 생각했다. 여럿이 하는 여행은 시끄럽고, 여행에 완전히 녹아들기 힘들 것이라고. 원하는 곳이 있더라도 양보해야 하고, 나는 그 배려가 어떤 눈치싸움처럼 다가와 불편했다. 그렇게 불편함이 쌓이다가 여행도 불행해져 버린다고 생각했다.

 하지만 외로움은 승리했고, 시간이 맞는 사람과 함께 여행을 떠나기 시작했다. 즐겨듣는 노래가 나오는 이어폰을 빼고 옆 사람과 나란히 걸으며, 처음 와본 곳에 대하여 이런저런 이야기를 나누면서 함께하는 여행도 나쁘지 않다고 다시 생각했다. 언젠가 이 여행을 떠올리면 서로가 떠오르겠지. 소소한 추억과 풍경들을 함께 공감해줄 사람이 생기는 여행. 둘이라도 충분히 녹아드는 여행이었다.

그냥 그런 여행

가족여행으로 포항을 가서 난생처음 먹은 회가, 그것을
접한 첫 기억이다. 회를 먹은 그 순간부터 이건 다신 먹지
않으리라 다짐했다. 그래서 나는 제주의 신선하고 맛있다
는 회도 먹지 못했고, 그나마 기대했던 음식이 신선한 해
물이 들어간 해물라면이었다. 이미 엄청 유명한 해물라면

집이 애월에 있었다. 마침 룸메이트 예진 언니도 애월을 가보지 않았던 상태였고, 휴무까지 딱 맞아서 같이 떠나기로 했다.

아침이 되었지만 해는 보이지 않았다. 뿌연 하늘이 다가올 미래처럼 벌써부터 불안했다. 그래도 어쩌다 겹친 귀한 휴무와 한 번은 꼭 먹어보고 싶었던 해물라면을 포기할 수 없어서 준비를 시작했다. 날씨에 개의치 않으려 일부러 화려한 꽃무늬 블라우스를 입었다.

집을 나서니 비가 툭툭 내리기 시작했고 기온은 뚝 떨어졌다. 다시 집으로 들어가 트렌치코트와 우산을 챙겼다. 우리는 왠지 모르게 축 처졌고, 버스에서는 내내 침묵이 돌았다. 애월로 향할수록 굵어지는 빗줄기와, 틈틈이 버스에 오르는 사람들의 젖은 차림새를 보니 공기는 더욱 가라앉았다.

한참 뒤 애월에 도착했다. 우리가 버스정류장으로 들어갈 틈도 없이 비바람이 몰아쳤다. 우산이 있어도 무용지물이었다. 우비가 있다면 또 모를까. 바다가 가까이 있어서 그런지 빗방울도 크고 바람도 거셌다. 귀한 휴무를 내어왔는데, 기대에 비해 실망이 너무 컸다. 평평한 바닥까지 물이 고여서 신발과 양말이 전부 축축하게 젖어버렸다. 상황이 그렇게 되자 말수는 줄어들었고, 적막 속에 바람과 싸우며 라면집을 향해 걸어갔다.

세상은 한없이 야박할 때가 있다. 그렇게 힘겹게 도착한 라면집은 재료 소진으로 문을 닫았다는 팻말을 선보였으니. 우리는 기운이 쭉 빠져서 가까운 음식점에서 아주 소박한 해물라면을 먹었다. 생각지도 않았던 가게에서 비 맞은 생쥐 꼴을 하고 기대에 한참을 못 미치는 음식을 먹고 있자니 투정이 절로 나왔다. 하지만 언니는 나에게 작은 위로만 보내었고 투정에 대한 맞장구가 없었다. 같은 일을 겪고 속이 상하지 않았을 리가 없었다. 아마도 긍정적으로 기억되기 위해 꾹꾹 눌러 담는 것 같았다. 나는 그런 우리가 이젠 어디로 가야하나 싶어서 서글퍼졌다,

취향이 백 퍼센트 맞아떨어지는 사람에게 추천받은 여행지라 해도, 이후 내가 다른 사람에게 그 여행지를 추천할

지는 모르는 일이다. 결국에는 완전히 다른 여행지를 가는 것과 마찬가지니까.

애월은 여행지 중 유명세가 있는 만큼 기대가 컸다. 여행지를 추천해준 지인의 잘못일까? 나의 기대가 잘못일까? 내리는 비가 잘못일까? 그런 비를 보고도 낙천적으로 여행하지 못한 우리의 잘못일까? 누구를 탓하려 한다면 모두의 잘못이겠지. 그렇기에 후회하지 않지만, 나는 앞으로 그 여행지를 추천하지 않을 것이다. 내가 가진 기억 위에 새로운 페인트가, 마음에 드는 페인트가 칠해지지 않는 이상.

가을날 녹차밭

"너 오설록 가봤어?"

"아니 가본 적 없는데 쉬는 날 거기 갈까?"

서로 쉬는 날이 맞으면 가기로 했던 오설록. 정말 휴무가 맞는 날이 왔다. 같은 방을 쓰던 지윤 언니와. 우리 둘 다 쉬는 날이 규칙적이지 않은 편이라 더욱 반가운 소식이었다. 우리는 오설록이 있는 섬 반대편으로 가기 위해 먼저 제주공항으로 갔다. 그 날은 친한 친구 하정이가 어머니와 단둘이 제주여행을 온다고 한 날이었다. 도착시간을 얼추 맞춰서 공항으로 갔고, 오랜만에 본 얼굴이지만 한눈에 알아보았다. 친구는 바로 셔틀버스를 타야했기에 인사를 나누자마자 헤어졌다. 그리고 우리는 각자 버스에 올랐다. 많은 생각이 들었다. 친구가 여행으로 온 제주는 예쁜 여행의 기억으로 남겠지. 그 아이의 제주에는 따끔한 일상의 아픔은 없겠지. 어쩌면 낭만적인 여행지로 남겨두는 것도 나쁘지 않았을 텐데. 생각은 꼬리를 물어서 조금은 우울해졌다.

"이번 정류장은 오설록입니다."

이어서 외국어로도 방송이 나왔다. 그리고 버스에 있던 반 이상의 사람들이 우르르 내렸다. '역시 관광지는 관광지구나.' 내심 놀랐다. 제주에서 유명관광지를 잘 다니지 않았던 터라 이런 광경은 처음이었다. 버스에서 내려서부터 건물까지, 평일인데도 여기저기 사람들로 꽉꽉 차 있었다.

볼거리도 많고 체험도 다양해서 시간이 훅 지나갈 정도로 재밌었다. 에어컨이 계속해서 냉기를 뿜어내는데도, 정원 이상의 사람들이 있으니 공기가 습하고 답답해서 카페의 녹차음료와 디저트를 사서 밖으로 나갔다. 내부보단 약간 더울지라도 여유로운 뒤뜰이 좋았다.

날씨가 흐렸다가 점점 좋아지기를 반복했다. 아침에 본 날씨예보대로 곧 있으면 비가 온다는 신호였다. 모든 풍경은 멀리서 볼 때 아름다운 법. 녹차밭 역시 가까이 가보니 사이사이마다 거미줄이 주렁주렁 늘어져있었다. 다시 큰길을 가로질러 걷다보니, 전망대와 비슷한 낡은 건축물이 보였다. 전망대라기보다 조금 높은 계단정도의. 하얀 계단 위로 올라서자 덜컹거리는 소리가 들려와 몇 번씩 심장이 철렁했지만, 기어코 오른 정상은 그만큼의 값어치가 있었다.

구름이 걷힌 틈에 해가 슬쩍 나왔다. 그 해가 쏟아내는 빛이 머문 끝없는 다원의 풍경은 한없이 싱그러웠다. 푸른 풍경은 컴퓨터 배경화면으로 딱 좋겠다는, 실없는 소리를 하며 계단을 내려왔다. 밭 한가운데 열심히 물을 뿌리는 스프링클러에서 예쁜 무지개도 보았다. 가을바람을 맞으며 가벼운 옷차림으로 흙길을 따라 걸었더니 단숨에 기분이 상쾌해졌다.

가을은 사소하게 기분 좋은 계절이었다.

노을과 바다

동갑내기 친구들 중 가장 어른스러운 친구를 꼽자면, 바로 제주 친구 민석이다. 배울 점이 한둘이 아니라고 생각해서 더 친해지고 싶었고, 일하면서 어울리다 잘 맞아서 가까워진 친구. 이번에 놀러간 곳은 그런 민석이가 나고 자랐다는 한림이다. 흔히들 협재라고 하면 잘 아는 곳. 몇 번이고 혼자서 갈 생각이었지만, 자기 고향이니 같이 가자고 말해서 아껴두었던 곳. 또한 둘이 함께여서 더 신났음은 부정할 수 없었다.

제주시내 터미널로 갔다. 이번만큼은 핸드폰으로 지도를 보거나 노선을 확인할 필요가 없었다. 바로 옆에 목적지가 고향인 사람이 있는데 무엇이 두려울까. 버스 시간까지 정확히 알고 있어서, 정말 모든 것이 계획대로 척척 돌아가는 하루였다. 우리가 탄 버스는 서쪽으로 한참을 달렸다.

"진짜 멀긴 멀다."

"내가 멀다고 했잖아."

나는 처음가보는 여행지라지만 민석이 입장에서는 그저 먼 곳에 있는 고향일 뿐이었다. 정반대의 입장을 가진 우리는 줄곧 저런 류의 대화를 나누며 시간을 때웠다.

"이제 애월인데 아직 더 가야돼?"

"아직 한참 남았어."

협재 바다는 생각보다 정말 멀었다. 내가 아는 몇 없는 정류장을 모두 지나치고도, 한참이 지나서야 협재 해수욕장이라는 안내방송이 나왔다.

'드디어 협재에 와보는구나'

오랜 시간 가만히 버스에 앉아있었더니 내리자마자 허기가 졌다. 드넓은 바다는 뒤로하고 가기로 했던 카페로 향했다. 주문한 음식을 먹으며 노을 지는 바다를 바라보았다. 바라보기만 하니 어서가고 싶어졌다. 배가 부르고서야 해가 지고 있다는 사실을 깨달았고, 빠르게 카페에서 나와 바다로 향했다.

해변은 주황빛 노을과 어우러져 하나의 그림같은 풍경을 만들어냈다. 그날 협재 바다는 평화로움 그 자체였다. 이제껏 봐온 다른 바다보다 해변이 넓기도 했고, 초겨울 한적한 바닷가에는 다양한 사람들이 각자의 여행을 하고 있었다. 어떤 가족은 세 살배기 아이와 소박한 모래 장난을 치고 있었고, 또 어떤 연인은 하얀 드레스와 턱시도를 입고 추억이 될 사진을 담는 중이었다. 서로 방해가 되거나 시끄럽게 느껴지는 장면은 없었다. 모두가 하나의 풍경화처럼 어우러졌다.

금세 물이 들어오기 시작했다. 뒤를 돌아보면 자박하게

물이 차있었다. 그만큼 노을은 사라지고 밤은 한 뼘씩 내려왔다. 그렇게 순식간에 밤이 찾아왔다. 일몰이 끝난 야경만 남은 바다였다. 사람들은 뿔뿔이 흩어지고 조용한 밤바다만 남았다. 순식간에 텅 빈 해변에서 갑자기 다가온 쓸쓸함에 뒷걸음질 쳤고, 우리도 차가운 밤공기를 피해 다시 버스에 올랐다.

동네 비상구

나는 아침마다 출근하는 직장인이었지만, 잠들기 전 나는 여행자였다. 그게 가능했던 이유는, 가장 자주 찾아간 고마운 여행지이자 탈출구가 곁에 있어주었기 때문이다. 그곳은 바로 우리 동네 앞 바다 용담이다.

제주에 한창 적응하려 발버둥 치던 시절, 비상구가 필요한 날들이 있었다. 퇴근 후엔 멀리 가기도 힘들었고 그럴 기력도 없었다. 그럴 때마다 집에서 가장 가까운 용두암이 있었다. 밤공기를 맡으며 느릿느릿 걸었다.

"무슨 시끄러운 소리 들려"

"아 비행기소리야. 여기 공항근처거든."

보고 싶은 가족들과 친구들에게 전화를 걸어 일기를 쓰듯이 이야기하면 우울함이 조금은 가셨다. 또 방파제 앞에 앉아서 까마득한 밤바다를 보며, 그 위로 오가는 시끄러운 비행기 소리를 들으면, 마음은 반대로 차분하게 가라앉았다.

'너는 여행자야. 지금을 즐겨.'

바다는 조용히 위안을 준다. 기댈 구석이 되어준 집 앞바다가, 생각이 많아질 때마다 그립고 그립다.

용담은 너무 가까워서 아주 편한 차림새로 다니는 게 버릇이었다. 평소와 같이 늘어진 바지와 후드티를 입고, 머리에는 캡 모자를 푹 눌러쓰고 집을 나섰다. 구름다리에 올라 먼 수평선을 바라보며 파도소리에 귀 기울이고 있을 때였다.

"실례합니다! 사진? 포토? 오케이?"

조금은 어눌한 발음으로 말을 걸어온 이들은 젊은 동남아 남자들이었다. 조명이 없어 워낙 어두운 곳인데다가 심지어 흔들리는 다리 위였다. 당연히 낯선 사람은 의심할 필요가 있었다. 하지만 해맑은 얼굴에 악의는 없어보였다. 가만히 멈춘 내게 자신의 핸드폰을 건네주며 누르는 버튼까지 알려주려 했다. 나는 내가 들고 있는 핸드폰이 무엇인지 흔들어 보여주었다. 같은 기종의 핸드폰을 쓴다는 것을 깨닫고, 그들은 새하얀 치아를 보이며 크게 웃었다.

"쏘리! 아 미안합니다."

비슷한 웃음을 대답으로 하고 열심히 사진을 찍었다. 사진을 찍히는 것만큼 찍는 것도 좋아하는 내겐 즐거운 일이었다. 여행을 온 것인지 알 순 없지만, 잔뜩 신이나 보이던 그들의 행복한 순간을, 내 손으로 남겨줄 수 있어서 진심으로 감사했다.

2016년 가을여행 테이프

　계획이 자세하고 치밀할수록 작은 변수조차 실망을 배로 가져온다. 그래서 때로는 무계획이 계획이다. 두 귀에 챙겨온 이어폰을 끼고, 좋아하는 선율을 들으며 한없이 걸었다. 잘못된 길이던 조금 돌아가는 중이던 그 순간만큼은 영화나 드라마 속 주인공이 되었다. 비가 오면 통기타 반주의 느린 곡을 골라, 시련이 있는 여주인공이 되고, 쨍쨍한 볕을 받으며 인적 드문 일차선 도로를 걸어갈 때는, 통통 뛰는 인디밴드의 노래를 들으며 화사한 뮤직비디오를 그려본다. 은빛 억새를 가로지르던 그 순간도, 분홍색 갈대를 보러가던 거름 냄새나던 그 시골 길도, 모두 기억 속 필름의 아름다운 배경으로 새겨졌다. 그리고 그때 듣던 노래를 다시 틀면, 그 필름은 조용히 재생되겠지?

4부

제주 도민인 척,
제주 도민처럼

일상을 여행처럼

처음 제주여행을 왔다가 내내 비가 쏟아져서 좋지 않은 기억을 가지고 돌아간 친구가 있다. 섬은 특성상 습하고 흐린 날이 잦았다. 가을의 제주는 그 어느 때보다 자주 맑았지만, 변덕이 심한 것은 별다르지 않았다. 그래서 나 역시 초반에는 "해가 쨍쨍하면 무조건 여행을 해야지!" 라고 말했지만, 언제부턴가 해가 뜨면 밀린 빨래를 하는 나를 보았다. 이어지는 궂은 날씨에 난생처음 빨래방도 가보았다. 그렇게 여행자보다는 도민에 가까운 삶을 사는 내가 보였다.

제주에 온지도 두 달이 흘렀다. 가까이 들리는 비행기 소리가 더 이상 아무렇지 않은 걸 보면 이제 물들만큼 물들지 않았나 싶었지만, 문득 깊은 잠에서 깨어나면 천장은 너무나 낯설게 느껴졌다. '왜 내방이 아니지? 대구가 아닌가?' 약 삼 초간 멍한 질문을 던졌다. 지도 없이 주변을 누비더라도 아직 완전히 젖어들진 않았나 보다. 나는 그렇게 삼개월간, 도민과 여행자 그 경계의 삶을 살았다.

시트콤하우스

드라마 '청춘시대'로 더 많이 알려지게 된 셰어하우스. 제주도에서 단기로 저렴한 보증금과 월세를 생각한다면 조건에 있어서는 이곳이 정답이다. 직접 살아보면서 느낀 단점이라 하면, 아무래도 수시로 눈치를 봐야한다는 점. 청소나 쓰레기를 비우는 번거로운 일을 자주 해야만 하고, 귀찮음에 미루고 싶은 설거지도 다음 사람을 위해 곧바로 해야만 한다. 그럼에도 불구하고 셰어하우스가 좋은 기억으로 남은 이유, 홀로 내려왔지만 육지 사람들의 정으로 외롭지 않게 되었고, 둘이 하는 여행의 동반자를 만난 것. 새로운 인연들을 만나는 것이 얼마나 소중한가. 그것도 제주도라는 낯선 땅에서!

  내가 살던 셰어하우스는 용두암과 용연 구름다리가 걸어서 이십분 거리에 있고, 공항까지 버스로 이십분이 걸리는 구제주의 한 동네에 있었다. 그곳은 이제 제주의 우리 집이 되었다. 우리 집은 정말 깨끗하고 정돈이 잘 되어있어서 벌레가 거의 나오지 않았다. 그 점이 내가 우리 집을 선택한 가장 큰 이유이기도 하고. 더군다나 집에서 버스정류장까지 걸어서 오 분정도가 걸렸다. 그것은 차 없이 일과 여행을 병행하는 입장에서 여러모로 큰 장점이었다. 우리 집은 서울, 부산, 대구, 거제도, 성남 등등 전국구 언니들의 거처였고, 연령대도 참 다양했다.
  조금은 버겁기도 했다. 하나부터 열까지 다른 다섯 사람이 모여서 사는데, 어떻게 한마음 한뜻 일리가. 하지만 도망가고 싶을 때마다, 곁에는 바다라는 든든한 비상구가 있었다. 집 앞에 있는 바닷가로 산책만 다녀와도 스트레스는 훨훨 날아갔으니. 이러거나 저러거나, 사실 우리 집이라 하면 내 두 다리 쭉 뻗고 잠잘 곳만 있으면 됐다. 우리 집은 정말 사람 사는 냄새가 나는 집이었고, 장르는 낭만적인 드라마보다는 시끌벅적한 시트콤에 가까웠다.

　나는 내가 먼저 좋은 사람이 되어야, 나에게도 좋은 사람이 온다고 믿는 편이다. 실제로도 그런 게 없지 않아있다. 예외의 경우에도 긍정의 안경을 끼고 바라보면, 결국에는 소중한 인연만을 얻고 가지 않을까.

태풍을 겪다

용담은 바다가 코앞에 있는 동네다. 태풍 '차바'가 덮쳤을 때 정작 당사자인 나는 곤히 잠들어 있었지만, 내 핸드폰에는 육지 친구들의 걱정 섞인 메시지가 쌓이고 있었다. 사면이 육지인 대구에 살았을 때는 물과 관련된 재해에 대하여 깊게 생각해본 적이 없었다. 어쩌면 남의 일이라 생각하고 흘러들은 것도 같다. 그러니 제주도에서도 바다 앞에 살면서, 대단한 태풍이 오는데도 비교적 태평했다. 평소대로 잠들었고 아침에 일어나보니 거실이 좀 습하게 느껴졌다. 일찍 기상한 룸메언니가 말했다.

"다른 곳은 다 물로 가득차고 난리인데, 우리는 운 좋게 물이 거의 안찼네."

그제서야 검색순위 상위권에 오른 '제주도 태풍'이라는 단어가 눈에 들어왔다. 그리고 게스트하우스에서 잠을 자다가 뛰쳐나온 사람들과, 물에 둥둥 뜬 차에 대한 이야기가 실린 기사를 읽었다. 이건 정말 먼 나라 이야기가 아니라, 나의 앞집과 옆집 이야기였다.

정작 문제는 출근이었다. 출근을 하면서 부러진 신호등과 나무를 몇 개나 보았는지 모른다. 건물 안은 물바다였고 직원 몇몇은 일찌감치 출근해 물을 새벽부터 빼는 중이었다. 비상구 계단부터 곳곳에 물이 고여 있었고, 특히 옥상 쪽에 물이 많았다. 급하게 휴장에 들어갔고 우리는 정전으로 인해 승강기나 에스컬레이터도 없이 계단으로 물건을 옮기고 청소를 시작했다.

 태풍을 몸소 겪지 않아도, 온몸이 욱신거리도록 물을 빼
냈다. 온갖 청소도구를 동원해서 물을 적셔서 짜내고 그 물
을 모아서 버리는 과정을 셀 수없이 반복했다. 어느새 물기
가 드문드문 보이는 정도가 되었고, 남아있는 물기를 마저
닦아내자 일은 어느 정도 마무리되었다.

 점심을 먹기 위해서 건물 밖으로 나섰다. 이제 하늘은 눈
부시게 화창했다. 정전이 되어 침침한 건물에 반나절을 있
었더니 더욱 햇살이 반가웠다. 식당에 도착해서 모든 직원
들이 다함께 점심식사를 했다. 대가족이 모여서 식사를 하
는 것처럼. 이렇게 모든 직원이 모여서 햇살 드는 식당에
서 점심을 먹는 일은 아주 드물었다. 몸은 천근만근이었지
만, 많은 날들 중에 이런 날도 하루쯤은 괜찮겠다 싶었다.
물론 딱 하루쯤.

보고싶은 얼굴들에 대하여

몇 년 전까지만 해도, 가족들과 한동안 보지 못한다고 생각하면 서러운 생각에 눈물이 났다. 하지만 성인이 되고부터는 점점 눈물도 감정도 말라갔다. 생각은 현실이 되고, 실제로 집을 나와서 가족들과 떨어져 살게 되었지만, 처음 적응하던 시기 이후로 그다지 슬픈 감정은 오지 않았다. 나는 그런 내가 어색했다. 어른스러워짐과 동시에 로봇이 되어가는 과정 같았다. 나중에는 어떤 아픔에도 눈물 흘리지 못하는 사람이 되어버릴 것만 같아서 무서웠다.

　내가 태어나던 날, 아빠는 두 아이를 얻음과 동시에 그 책임감을 바로 느껴야 했다. 당시 나와 엄마는 산부인과에 있고, 세 살배기 언니는 심한독감과 고열로 다른 병원에 입원을 했다. 그 모든 걸 해내느라 진땀 뺐다는 이야기는 크면서 지겹도록 들은 이야기. 들을 때는 여느 동화처럼 하나의 이야기일 뿐이었다. 하지만 이제 그건 전설 속 이야기가 아닌, 버거운 현실이었음을 안다.

　본래도 감기에 약해 잦은 병치레를 하는데, 제주에 와서는 감기에게서 자유로웠던 날이 손에 꼽았다. 그래서 오자마자 샀던 유자차와 목수건을 달고 살았다. 한 번은 궂은 날씨를 뚫고 함덕에 바다를 보러 갔다가, 바닷바람을 실컷 쐰 덕에 그 뒤로는 목소리가 나오지 않는 지경에 이르렀다. 아이들에게 신나고 밝은 목소리로 말하고 싶은 마음이 굴뚝같은데, 정작 나오는 목소리는 쇳소리가 섞여 잘 들리지도 않았다. 독한 목감기는 단단히 걸려서 잘 낫지 않았고, 꽤 오랫동안 달고 살았다. 마주치는 사람마다 병원은 다녀왔냐는 안부를 물어올 정도로. 이맘때에는 다른 누구보다 가족들이 참 보고 싶었다.

가족과 이렇게까지 헤어져 지내본 적이 없었기에, 그 빈자리를 겪어보니 창문에 난 구멍처럼 바람이 숭숭 들었다. 특히나 이렇게 몸이 아프니 가족들의 얼굴이 더 그리웠다.

"목소리가 안 좋네. 감기 심한가 보다. 목수건하고 따뜻한 물 많이 마셔."

엄마와 전화를 하고 울렁거리는 기분을 어떻게 할 수가 없었다. 가족들에게 의무적으로 하는 전화에서 받기 힘든, 진짜 온기가 필요했다. 아플 때마다 방에 틀어박혀있는 나를 위해, 가족들은 밥을 대신 차려주거나 약 먹을 물을 떠주곤 했다. 사소하대도 귀찮은 일을 묵묵히 해주는 그들이 너무 보고 싶었다. 제자리로 돌아가면 결국 이 소중함도 잊어버리겠지만, 그래도 나아지지 않을까. 당연한 배려는 없다는 것을 알게 되었으니.

음식이 있던 순간

유명한 음식점을 갈 때, 얼마나 맛있을까 하는 기대는 빠질 수가 없다. 그래서였는지 제주에서 소문난 맛집에서 극찬할만한 맛을 느낀 적은 별로 없었다. 오히려 점심시간에 가끔 나가 사먹은 국밥처럼 사소한 맛을 좋아했다. 육지로 돌아온 후에도 떠오르는 음식들은 그런 것들이었다.

회사 근처는 음식점이 많은 편이었다. 점심시간에는 주로 밥을 먹었지만, 가끔은 근처에 있는 식당으로 갔다. 자주 먹었던 국밥집은 SNS에서 유명한 맛집은 아니었지만, 점심시간이면 앉을 자리가 드물 정도로 북적거렸다. 대게는 단골인 듯 했다. 안부까지 물어오는 친절한 이모님과 편안한 분위기에, 음식 맛까지 좋은데 다시 가지 않을 이유가 없었다. 집에서도 자주 먹는 국밥을 왜 밖에서 돈을 주면서까지 먹느냐고 생각했던 나조차 설득 당해버렸으니 말 다했다고 본다. 이곳 역시 미리 맛집이라 알고 찾아갔다면 별 감흥을 느끼지 못했을 수도 있다. 일을 한 뒤 배가 고파서였는지는 몰라도, 기억 속에 맛있는 밥집이라 하면 첫 번째로 떠오르는 곳이 되었다.

겨울이 오기 전까지는 해가 진 이후의 시간을 정말로 좋아했다. 서늘하면서 적당한 밤공기와 약간의 바람까지. 민석이와 일을 마치고 편의점에 들려 간식거리를 사들고 바다 옆의 공원으로 갔다. 공원이 있는 탑동광장은 회사에서 그리 멀지 않은 곳에 있었다. 걸어갈 수 있는 거리였기에 가을밤 우리는 종종 그곳으로 갔다. 시내에서 일을 하다 보니 한 번씩 내가 제주도가 아닌, 그저 대구집 근처에서 일을 하는 기분이 들었다. 그래서 바다를 볼 때마다 반가운 마음을 감출 수가 없었다. 탑동광장에서도 도착하자마자 캄캄한 바다를 바라봤다. 제주 친구 인석이는 아무것도 안보이니까, 유난 떨지 말고 빨리 앉으라며 재촉했지만.

 사실 그건 맞는 말이었다. 정말 아무것도 보이지 않았으니. 밤바다는 하늘과 바다가 구분되지 않을 만큼 칠흑 같았다. 그래도 시원한 파도소리와 진한 바다냄새는 여전했다. 우리는 바다를 등진 큼직한 계단에 앉아 소소한 이야기를 하며 하루를 마무리했다. 그때 나눈 대화는 기억이 가물가물하지만, 그때의 공기는 잊을 수가 없다. 그리고 그때의 파도소리와 바다냄새 역시.

HAPPY BIRTH DAY in 제주

"생일 축하해."

자정부터 친구들의 메세지가 날아왔다. 구월 십칠일, 바로 내 생일이었다. 만나지는 못해도 이렇게나마 전한다며 보낸, 지인들의 편지와 선물들에 담긴 마음이 너무 고왔다. 잊고 지나칠 수 있는 타지에 사는 친구의 생일을 챙긴 사람들이다. 꼭 기억해서 언젠가 배로 보답해야겠다며, 끝없는 감사 인사를 보냈다. 가족들의 축하전화와 이런저런 연락들이 아침부터 나를 들뜨게 만들었다.

회사에서는 아침조회부터 다 같이 생일 축하 노래를 불러주었다. 제주에 온지 간신히 이주가 되어가던 때여서, 아직 어색한 얼굴들도 보였다. 나 역시 쑥스러운 분위기에 몸서리쳤지만, 한편으론 가슴이 뭉클했다. 사실 이런 게 생일에 따로 휴가를 내지 않았던 이유이기도 했다. 쉰다고 해서 행복만 하는 하루를 보낼 자신이 없었다. 추석 연휴 속 주말은 바쁘게 흘렀고, 어느새 퇴근을 앞둔 저녁이 되었다. 벌써 생일의 반 이상이 지나간 것이다.

퇴근 후에는 민석이와 함께 가보고 싶었던 탑동의 유명한 맥주 집으로 향했다. 어두운 조명과 테이블마다 흔들리는 양초가 예쁜 가게였다. 우리는 평범한 스무 살이었다. 메뉴판 속 낯선 맥주 이름들에 한참을 고민하다가, 둘 다 후기에서 자주 본 '페어에일'이라는 맥주를 골랐다. 그리고 맥주엔 역시 치킨이라며 안주로는 후라이드 치킨을 주문했다. 분위기가 적당히 시끌벅적해서 마음 놓고 맥주를 홀짝였더니 마음이 붕붕 뜨는 것 같았다. 생일의 특별함은 잊은 지 오래였고, 그저 퇴근 후에 맞는 나른한 시간이었다. 모든 컵과 접시를 비우고 가게를 나섰다. 가게를 나선 후에 내 몫의 돈을 송금하기 위해서 계좌번호를 알려달라고 하려던 참이었다.

"내 생일선물 어땠어?"

민석이가 말했다. 순간 무슨 말인지 했다가, 이해하고는 그 아이가 천사처럼 보였다. 솔직하게 알게 된지 이주 차인데, 그것도 특별한 이유 없이 내려와서 수상하게 느껴질 수 있는 육지 사람에게 이런 선물을 주다니. 그리고 이 근사한 멘트도 한몫했다. 환하게 웃으며 진짜 어쩜 그런 문장을 생각해냈냐고 답했다. 언젠가 누군가의 생일에 써먹을 말을 이날 또 하나 배웠다.

맥주 한 잔이었지만 살짝 열기가 올라 선선한 가을바람을 맞으며 걸었다. 그러다가 멀리서 들리는 사람들의 비명소리에 놀라서 뒤돌아보니 반짝이는 불빛들이 보였다. 그건 바로 바이킹이었다.

"저게 뭐야?"

"몰라, 한 번 가볼래?"

서로 눈을 마주치고 어이없다는 웃음을 터트리며 달려갔다. 그곳은 탑동광장 주변에 위치한 아담한 유원지였다. 조금은 허술한 조명과 놀이기구들이 밤이라는 배경에 훨씬 그럴싸해 보였다.

"바이킹 타자!"

나는 스릴 있는 놀이기구라면 돈을 준다고 해도 고민할 정도로 무서움이 많은 편이었다. 민석이는 어디서 괴력이 났는지, 그런 나를 잡아끌어서 결국 바이킹 태우기에 성공했다.

'그래, 생일인데 한번 타보자!'

피할 수 없으면 즐기라는 말도 있지 않은가. 소리를 지르며 버티기 시작했다. 딱 여기가 한계이지 않을까 싶을 때 구원의 목소리가 들렸다.

"혹시 내리고 싶은 사람 있으면 손드세요!"

눈을 꼭 감고 안전 바를 바들바들 붙잡고 타는 내가 안쓰러워서 던진 말인지, 원래 매번 하는 말인지는 모르겠지만. 더 이상은 심장이 허락해주지 않아 냉큼 손을 들었다.

"미안해 나는 여기까지 인가봐…."

애썼다는 말로 나를 보내준 민석이는 구 십도로 올라가는 바이킹을 세상 신나게 즐겼다. 그리고 특유의 웃음소리가 신명나게 울려 퍼졌다. 그 웃음소리를 들으며 마치 내가 바이킹을 탄 것처럼 덩달아 웃음이 났다. 지나가는 사람들이 흘끗 쳐다봐서 살짝 모른 척하기도 했지만.

다음으로 도전한 놀이기구는 우주전투기였다. 어릴 때나 타던 놀이기구라고 만만하게 생각하며 안전벨트를 착용했다. 이 정도는 껌이라며 큰소리도 쳤다. 그런데 놀이기구가 출발하자 생각이 완전히 뒤집혔다.

'아, 망했다.'

이곳 우주전투기는 말하자면 이름과 비슷한 느낌이었다. 내가 알던 속력보다 훨 배로 빠르게 돌아가기 시작했다. 앞에 있는 수동 손잡이를 당기자 내가 탄 배가 올라가는데, 덜컹이며 순식간에 아파트 삼층 높이로 치솟았다(체감적으로). 그리고 그 손잡이를 밀자 순식간에 바닥에 닿기

직전으로 떨어졌다. 중간에 멈추는 게 정말 어려웠다. 살짝 헐겁게 안전벨트를 해주셨기에 예상도 못한 전개였다. 내 몸이 떨어지지 않는 게 신기할 정도였다. 쉽게 보았다가 큰 코 다친 거다. 소란스럽게 배에서 내리면서 서로 느낀 아찔함에 대해 공유했다. 우리가 운행하는 어린이 놀이기구만 매일 타다가 이런 놀이기구를 타니 새롭다며. 이후에 어느 놀이공원을 가도 이곳만큼 아찔한 우주전투기는 보지 못했다.

모든 경험은 언젠가 쓰일 날이 있다던데. 신기하게도 훗날 이 유원지에서의 경험이 아주 잘 쓰였다. 때는 한가로운 평일이었다. 늘 그렇듯 어느 놀이기구를 운행하던 도중에 어떤 어머니께서 나에게 질문을 던졌다.

"혹시 이 주변에 좀 더 무서운 놀이기구 있는 놀이공원은 없어요?"

삼 개월간 일하며 딱 한번 들어본 질문이며, 아마 많은 질문들 중 반가운 순위로 상위권에 꼽힐 것이다. 신났던 기억을 떠올리며 위치까지 상세히 친절하게 답을 드렸다. 대답을 들은 어머님은 나중에 꼭 가봐야겠다며, 가족끼리 제주로 이사를 온지 얼마 안돼서 잘 몰랐는데 잘됐다고, 진심으로 고마워하셨다. 별것 아닌 대답이라 해도 내가 그곳을 알고 있어서, 작은 도움이라도 누군가에게 도움이 되었다는 것만으로도 기뻤다. 그리고 그 질문을 나에게 한 것도 어쩌면 운명일거라고 혼자서 되뇌어보았다.

맥주를 주문하고부터 놀이기구를 탈 때까지, 계속해서 룸메이트 지윤 언니에게 연락이 왔다. 언니는 열두시 전까지는 들어가겠다는 말을 듣고 나서야 연락을 멈췄다. 오늘따라 왜 이렇게 재촉을 하는지 무슨 일인가 싶어서 우주전투기를 타고 집으로 돌아가는 버스를 탔다. 혹시나 생일을 기억하나 싶었다. 하지만 그러기엔 오늘 저녁이 되기까지 아무런 약속도, 연락도 없었다. 집에 도착해서 문을 열고 들어서자 그런 생각이 우습게 아무 일도 없었다. 다른 방 룸메이트는 이미 잠자리에 들어서 문이 굳게 닫혀있었고 거실은 캄캄했다. 지윤 언니는 씻으러 갔는지 방은 텅 비어있었다. 내일도 출근하는 스스로를 불쌍히 여기며 서둘러 씻을 준비를 했다. 이 정도면 올해 생일은 정말 행복했다고 속으로 만족스러워 했다.

그런데, 씻고 나온 지윤 언니가 왜 이제야 왔냐며 가방 속에서 빵 봉투를 꺼내보였다. 언니는 맑은 얼굴로 눈웃음을 보이며 조각 케이크에 초를 꽂았다. 초가 하나밖에 꽂을 자리가 없을 정도로 작은 조각 케이크였지만, 전혀 기대도 않은 이벤트에 눈물이 날 뻔했다. 선물의 크기와 관련 없이, 소중한 마음이 너무 크게 느껴졌다. 그리고 그간 바깥사람들과 놀러 다니느라 소홀했던 것과 더불어, 연락을 크게 신경 쓰지 않고 오늘 늦게 귀가한 것에 대한 미안함이 둥실 떠올랐다. 이런저런 마음에 촛불을 보며 크게 웃지 못하는 나에게, 사진을 남겨야한다며 촛불 킨 케이크를 손에 쥐어주었다. 마음에 들 때까지 찍어주겠다며 열심인 언니에게, 좋아하는 구도를 알려주고 마음에 쏙 드는 사진을 남겼다.

"너 다른 사람들한테 축하는 많이 받아도, 촛불은 못 불었을까 봐 사왔어."

엄마가 미역국을 걱정하듯이 정이 듬뿍 담긴 말 한마디. 덤덤하게 고맙다 했지만, 그 마음을 어떻게 더 표현할 수가 없었다. 그 해 생일은 여러모로 특별하면서도 많은 사람들에게 사랑받고 있음을 온전하게 느낀 고마운 날이었다.

타원의 하루들

대구에서 보낸 택배가 제주 집에 도착했을 때, 집에 있던 룸메들이 모두 놀랐다고 했다. 옷이 너무 많아서. 어찌된 일인가하면, 비행기를 타고 왔던 구월은 당시 거의 여름이었고, 특히 남쪽 섬 제주는 확실히 덥다하여 반팔도 잔뜩 꾸린 것이었다. 처음 제주행 짐을 싸는 것도 있고. 도대체 나는 얼마나 있을 건지, 여행을 하려는지 삶을 살 것인지 뚜렷한 것이 하나 없다보니, 막연한 짐 싸기는 그런 결과를 낳았다.

11월 중순, 이제는 코트도 걸치는 마당에 반팔을 입을 리가 만무해서 옷장도 비울 겸 여름옷을 꾸려서 대구로 부쳤다. 반팔을 입는 여름부터 코트를 입는 겨울까지, 두 계절이 바뀔 동안을 제주에서 살아낸 것이다.

지금은 알지만, 짐을 싸던 당시 나에게 비행기는 너무 큰 존재였으며, 제주도는 어마어마하게 멀게 느껴졌다. 제주도를 주말여행으로도 갈수 있다는 것을 몰랐던 그때. 비행기를 타니까 국내라도 여권이 필요하진 않은지 검색을 하곤 했던 그때. 소량의 짐을 보내고 제주의 삶이 길어진다면, 저렴한 할인항공권으로 다시 한 번 집에 다녀오면 됐다. 그렇다면 훨씬 수월한 여정이 되었을 텐데. 외국을 가는 것 마냥, 짐도 책임감도 바리바리 싸온 후에 깨달아 조금은 허탈했다. 한 달이 두 달이 되고, 예상보다 오랜 시간을 머물렀다는 것이 그나마 돌아온 보답이었다.

제주도에 잠시나마 산 사람으로서, 도민의 일상도 빠질 수 없다. 그중 가장 대표적인 일은 제주도청에 간일. 퇴사 후 첫 해외여행을 가기로 결정했다. 계산을 해보니 집으로 돌아간 뒤 출국까지 시간이 빠듯해서, 당장 여권을 만들어야만 했다. 먼저, 신제주로 가서 급하게 여권사진을 찍고 도청으로 갔다. 통통한 얼굴 살까지 적나라하게 찍힌 사진에 적잖은 충격을 받았다. 우울해지는 기분은 막을 수 없었지만, 그게 내 진짜 얼굴이니 별수가 없었다. 극도로 사실적인 여권사진과 신분증을 제출하고 서류를 작성했다. 여권 때문에라도 열심히 많이 다녀보자는 마음으로, 가장 기간이 길고 쪽수가 많은 형태로 골랐다. 여권을 신청한지 일주일도 되지 않아서 연락이 왔다. 빨리 받고 싶었지만 휴무가 아니면 시간이 맞지 않아서, 휴무가 되자마자 도청으로 가 첫 여권을 받았다. 얼떨결에 제주에서 여권을 만들었으나, 여권 뒤편의 제주도청 바코드를 보니 색다른 선물을 받은 기분이었다.

　훗날, 다른 나라에 갈 때마다 여권을 보고는 제주사람이냐는 질문을 듣기도 했고, 이어서 해명 아닌 해명을 시작하면 질문이 꼬리를 물고 물어서 대화가 길어졌다. 대부분의 상대가 여행객이다 보니, 사람들은 호기심 어린 눈으로 경청해주었고 비슷한 경험을 풀어놓기도 했다. 모두가 호의적이었다. 그리고 가장 기분 좋은 마무리는 바로 이 말이 아닐까 싶다.

"우와! 진짜 재밌었겠네요. 저도 해봐야겠어요."

언젠가 엄마의 오랜 친구가 바다가 있는 지역으로 이사를 갔다며, 그 지역에서 유명한 특산물을 택배로 보내왔다. 직접 잡은 건 아니라 해도, 그 지역에서 온 음식이라는 것만으로 더 특별하고 신선하게 느껴졌다.

나도 그때 느낀 신선함을 공유하고 싶었던가 보다. 엄마가 제주도를 다녀온 뒤, 처음 먹어본 천혜향이 감귤보다 훨씬 맛있다고 했다. 그래서 천혜향 한 상자를 집으로 보내려 했지만 최소 한 달은 더 있어야 수확을 시작한다고 했다. 집으로 가기까지 이주도 남지 않은 시기였다. 방법이 없으니 아쉬운 대로 감귤 한 상자를 부쳤다. 가족을 생각하며 이것저것 맛을 보고 철저하게 상자를 골랐다. 집주소를 적으면서, 떠오르는 밝은 얼굴들에 뿌듯함이 밀려왔다. 선물은 어쩌면 받는 사람보다 주는 사람이 더 행복한 것이라더니. 며칠 후, 가족들은 귤과 함께 찍은 인증사진과 맛있다는 연락을 보내왔다. 마음에 장작을 넣은 듯이 훈기가 찼다.

　역시 제주에 살길 잘했다.

자율적 배움이란

좋은 기회가 찾아왔다. 그건 바로 회사와 대학교가 연계한 몇 주간의 직무향상 교육이었다. 서너 가지의 다양한 수업이 있었고, 무료로 진행되는데다가 실습위주로 진행되는 점이 마음에 들었다. 하지만 과연 쉬는 날에 시간을 내서 꾸준히 다닐 수 있을까 진지하게 고민했다. 그렇지만 이처럼 좋은 기회를 놓칠 수 없기에, 신청기간 끝자락에 가까스로 등록했다. 고민 끝에 내가 다니기로 한 수업은, 커피를 내리고 디저트를 만드는 바리스타 수업이었다.

티라미수 수업

처음 바리스타 교육을 신청하면서, 단순히 커피 관련 수업을 예상했었다. 그래서 첫 수업 재료로 준비된 빵과 생크림을 보면서 크게 당황했다.

'바리스타교육인데 티라미수를 배운다고?'

본격적인 첫 수업이 시작되고, 강사님의 수업소개를 듣고 나서 그 의문이 풀렸다. 알고 보니 커피뿐만 아니라 디저트를 함께 배우는 과정. 원래 생각한 수업은 아니었지만, 디저트를 훨씬 좋아하는 나에겐 기쁜 소식이었다.

여섯 명이 함께 앉을 수 있는 책상이 교실 가득 채워져 있었다. 그 책상위에는 티라미수를 만들 재료와 도구들이 마련되어 있었고, 운명처럼 같은 책상에 앉은 사람들과 한 조가 되어서 실습을 시작했다. 강사님이 만드는 과정을 간단하게 보여주셨지만, 재료나 도구의 이름이 생소해서 기억이 잘 나지 않았고, 봤던 그대로 재현하기가 쉽지 않았다. 순탄하게 만들어지지 않고 꼭 한 번씩 브레이크가 걸렸다. 그래도 조원들과 함께 기억의 퍼즐을 조각조각 맞추다보니 그럴싸해졌다. 빵을 틀에 맞춰 자르고 커피시럽에 적신 후

반죽해둔 크림을 가득 부어준 후에, 마지막으로 체를 사용해 화룡점정인 코코아가루를 뿌려주면 완성.

하지만 여기가 복병이었다. 코코아 가루를 가득 뿌리는 것이 아니라 적당한 강약 조절을 하면서 골고루 뿌려주는 게 중요한데, 나는 힘 조절이 어려워서 가득가득 뿌려버렸다. 반면 함께 하는 친구나 조원들은 섬세한 손길로 얇게 잘하는 듯 보였다. 힘껏 체를 치는 내 모습을 보고, 나도 내가 웃겨서 조원들과 깔깔 웃었다. 하지만 이게 시작이었다. 섬세함을 길러야겠다고 마음먹었지만 이후 다음 수업에도 나는 비슷한 실수를 이어나갔다. 역시 하루아침에 없던 손재주가 생겨나진 않았고, 인정하고 열심히 노력하기로 했다.

초콜릿 수업

두 번째 디저트 수업은 셸 초콜릿 만들기였다. 책상에는 초콜릿으로 만들어진 틀이 미리 준비되어있었다. 우리는 그 안을 채우고 예쁜 장식을 하는, 나름 쉬운 난이도의 수업이었다. 이번에는 이인 일조로 나눠서 진행되었다. 셸이라는 공 모양의 초콜릿 틀에, 가나슈를 만들어 하나하나 채워주고 굳히면 반은 완성이다.

초콜릿 윗면에는 흰색 초콜릿 펜으로 글씨를 쓰기도 하고 각양각색의 모양을 그렸다. 또 다른 장식으로는 고소한 아몬드 가루를 얹기도 했다. 친구는 예전부터 손으로 하는 일은 다 잘한다더니, 이번에도 빛을 발한 듯 했다. 모두 완성한 후에 확인한 결과물은 격차가 너무 심해서 놀랄 수준이었다.

나의 삐뚤빼뚤한 초콜릿 문양과 달리, 파는 것과 별반 다르지 않을 만큼 잘 꾸민 초콜릿을 보고 순간 민망해졌다. 듬성듬성 섞여서 놓여있음에도 불구하고 누가 만들었는지 구분이 가능할 정도였으니. 내가 부족한 것이 아니라 친구가 잘한 것이라고 생각하며 스스로를 토닥여주었다.

시루떡 수업

마지막 디저트 수업에는 정말 상상도 못한 음식을 만들었다. 이날은 친구가 일이 있어서 혼자서 수업을 들어야했다. 혼자서 생각도 할 겸, 운동도 할 겸 겸사겸사 걸어서 대학교에 가보기로 했다.

용담에서 출발해 공항을 지나 한라대가 있는 노형까지 총 6킬로미터의 거리를 내리 걸었다. 수업시간이 촉박해서 멈출 수도 없었다. 지도로는 걸을만해 보였는데, 참으로 어리석은 생각이었다. 밝을 때 출발했지만, 어느새 밤이 찾아왔고 아무리 빠르게 걸어도 도착까지는 멀어보였다. 특히나 초행길에, 지나는 길이 다 비슷한 느낌이어서 마치 제자리 걸음을 하는 기분이 들었다. 돌아가기엔 너무 많이 왔고 버스를 타기엔 오기가 생겼다.

마침내 힘이 쭉 빠져서 도저히 더 이상 못 걷겠다 싶을 때 대학교 후문이 보였다. 수업 시작까지 얼마 남지 않은 시각이었다. 서둘러 발걸음을 옮겼다. 하필이면 딱 오늘만 다른 강의실에서 수업을 한다고 했다. 길치인 나에게 이 넓디 넓은 캠퍼스에서 길 찾기란 너무 힘겨웠다. 여덟시가 지나고 출석 유무를 묻는 연락이 오면서 마음은 더 초조해졌지만, 아무리 지도를 따라가도 목적지가 보이지 않았다. 결국에는 지나가는 학생에게 물어서 간신히 도착했다. 다행히도 오늘따라 수업은 늦게 시작되었고, 딱 맞춰 수업을 들을 수 있었다.

오늘은 난생처음 시루떡을 만들었다. 실습은 이인일조로 진행되었고 가장 난이도가 높은 수업이었다. 정신없이 사진 찍을 새도 없이 집중해서 만들었다. 쌀가루를 체에 걸러 반죽하고, 팥을 냄비에 삶았다. 운 좋게 같은 회사 음식점 직원 삼촌과 짝이 되어서, 큰 도움을 받으며 요리를 완성했다.

어쩌다 서로 같은 회사 식구들끼리 팀이 되어서, 뜻밖의 경쟁구도에 겉으론 웃으면서도 승부욕에 불타 최선을 다했다. 다른 팀 삼촌이 견제하듯이 슬쩍 뱉는 말이나 장난스러운 행동이 은근히 웃겨서, 이날은 내내 재밌게 실습을 했다. 마침내, 떡을 찌면서 모락모락 올라오는 김이 예스럽게 느껴졌다.

내가 떡을 만들었다니!

너무 신기해서 먹으면서도 믿기지 않았다. 갓 쪄낸 시루떡은 색도 고왔고 맛있기까지 했다. 따끈따끈한 떡을 입에 넣었더니 그대로 입안에서 포슬포슬 녹았다. 떡이 이런 맛이라면, 즐겨먹는 빵만큼 자주 먹었겠지.

'이 기억을 살려서 가족을 위해 집에서도 한번 만들어봐야겠다.'

흐릿해지려는 요리법을, 집에 오자마자 노트에 적어두었다.

커피 수업

함덕에서 바람과 사투한 날에도, 노리매 공원에서 몇 시간을 걸었다 해도, 바리스타 수업에 빠지지 않았다. 덕분에 각종 원두별 차이점, 커피를 내리는 다양한 방법, 그리고 창업에 관한 이야기까지 들을 수 있었다. 디저트 수업으로 시작해서 그런지 원래 커피를 배우는 수업인데 조금 낯설게 느껴졌다. 디저트 수업에 비해, 이론적으로 배울 것도 많았고 자연스레 공부할 양도 늘어났다.

하루는 커피머신에 관한 설명을 들으면서 에스프레소를 여러 잔 마셨다.

"커피는 원래 마시면서 배워야 제대로 알 수 있습니다."

강사님의 말을 듣고 쓰게만 느껴지는 커피를 음미하려고 노력했다. 듣다보니 차이점을 알 것도 같았다. 문제는 수업이 끝나고 그날 밤에 나타났다. 친구와 시청 근처에서 저녁을 먹고 카페를 가고, 월급이 들어온 기념으로 쇼핑까지 했다. 밤이 되고 한참이 지났지만 지칠 줄을 몰랐다. 잠도 오지 않았다. 그러다 문득, 내일 우리가 출근을 해야 한다는 사실이 떠올랐다.

"지금 몇 시야?"

친구에게 물었다.

"새벽 네 시!"

충격이었다. 우리는 이날 카페인이 얼마나 대단한 성분인지 몸소 느꼈다. 집으로 돌아가서도 잠시 뒤척이다 잠들었고, 다음 날 거의 눈을 뜨지 못한 채 출근을 했다. 그 뒤로는 출근 전날 커피를 입에 대는 것이 꺼려져서, 실습 커피는 아까워도 한입씩 맛을 본 후에 모두 미련 없이 버리게 되었다. 그걸 다 마셨다간 다시 좀비가 될 것을 알기에.

비 오는 휴무, 어김없이 수업을 들으러 갔다. 이번에는 핸드드립 커피를 배우며, '고노' '칼리타' 라는 추출 기구를 사용해보았다. 갈팡질팡한 학생들을 위해 강사님이 먼저 시범을 보였다. 대충 물만 붓는 것이 아니라, 처음부터 마지막까지 물줄기의 양과 흐름이 있었다. 볼 때는 쉬워 보여도 직접 실습을 해보니 결코 핸드드립은 만만하지 않았다. 먹어보면 제대로 내렸는지 알 수 있을 만큼, 맛의 차이가 확연했다.

실습으로 커피를 한번 내리면, 내가 먼저 맛을 보고 강사님과 주변 수강생에게 맛 평가를 받았다. 서로 내린 커피를 권하고 마시면서 점점 발전해갔다. 계속되는 시도 속에 괜찮은 커피가 내려졌을 때, 그렇게 뿌듯할 수가 없었다. 또한 강사님의 칭찬은 나를 춤추게 만들었다. 그러다 보니 주변에서도 괜찮은 평가를 들을 수 있었다.

"오 이제 먹을 만은 한데?"

이게 어딘가 싶었다. 처음 핸드드립을 내렸을 때는 쓰디쓴 맛에 한 모금조차 먹기 힘들었으니. 마지막에는 내가 내린 커피로 이게 제일 먹을만하다며, 비교 대상으로 삼기까지 하는 모습을 보며 내심 흡족해했다. 모든 수강생이 열심이어서 시간이 가는 줄도 모르고 늦게까지 실습이 이어졌고, 평소보다 늦은 시각에 강사님의 만류로 수업이 마무리

되었다. 처음 배워본 핸드드립은 흥미로웠다. 취미로 삼아서 깊게 더 배워보고 싶다는 생각까지 들었다. 정말 여러모로 알찬 바리스타 수업이었다.

마지막 수업

육지로 돌아갈 날을 따로 정해두지 않았기 때문에, 막연히 수업을 끝까지 들을 수 있을 것이라고 생각했다. 겨우 두 번의 수업을 가지 못해서 수료증을 받지 못 할 줄이야!

전화벨이 울렸다. 미리 수업에 가지 못하는 상황에 대해 연락을 드리려던 참에, 강사님의 전화가 먼저 왔다.

"여보세요?"

"이제 수업 두 번 남았는데, 수료까지 가능하시죠?"

당연히 가능하다고 말을 하고 싶었지만, 나는 이미 대구로 돌아갈 날이 얼마 남지 않은 상황이었다. 강사님은 끝까지 감사하게도, 오기 힘든 상황을 고려해 수료증이라도 받을 방법에 대해 논의해주셨지만, 괜찮다며 신경 써 주심에 대한 고마움을 표하고 전화를 끊었다. 말은 그렇게 했지만, 막상 수료할 날이 얼마 남지 않았다는 사실을 직접 듣고 나니 없던 미련도 생겨났다.

'수료만 하고 갈걸….'

비행기 표와 떠날 준비, 퇴사 후에 예정된 여행을 생각하느라, 수업까지 미처 신경 쓰지 못했음을 깨달았다. 속상하지만 이미 결정된 일이었다. 제대로 된 작별인사도 하지 못한 채, 그저 추억으로 남겨두는 수밖에.

수업을 듣기 위해 대학교 캠퍼스로 갈 때마다 설레었다. 학생들이 하나둘 하교할 시간, 노을이 배경이 된 캠퍼스는 아름다웠고. 건물로 들어가면 강사님은 정말 반갑게 맞아주셨다. 너무 슬프게도, 갈수록 수강생 참석률이 낮아져서 더욱 반겨주신 것도 있겠지만.

수업이 매주 월요일 저녁이라 대부분의 수강생들은 회사를 마친 후에 오게 되었는데, 항상 한 사람당 한 상자의 참치김밥이 준비되어 있었다. 우리 회사는 월요일이 휴장일이어서 일을 마치고 간 것은 아니었는데도, 늘 맛있게 싹 비우게 되었다. 배를 채워서 힘을 얻었으니, 수업을 따라가려고 부단히 노력했다. 수업을 들으면서 항상 감사했다. 이렇게 괜찮은 수업을 무료로 듣는다는 것도 모자라, 쾌적하고 넓은 교육장과 양질의 좋은 재료가 준비되어 있다니. 고맙고 죄송한 마음에 정신없이 수업을 따라가다 보면, 얼추 비슷한 모양새의 결과물을 보면서 정말 뿌듯해했다.

실습결과물을 양손 가득 들고 집으로 가는 길에는, 맛있게 먹어줄 사람들이 떠올라 발걸음이 가벼웠다. 깜깜해진 캠퍼스를 나설 때면, 휴무를 부지런히 보냈다는 보람도 가득 안아갔다.

할까 말까 했지만, 결국엔 하자고 마음 먹은 나를 칭찬하게 된 바리스타 수업. 새로운 분야의 재미와, 도민의 일상까지 제공해준, 더불어 다채로운 나날을 만들어준, 이 수업은 이제 나의 제주생활에서 절대 빼놓을 수 없는 한 부분이 되었다.

아마 이런 게 자율적 배움이 아닐까?

그리울 것을 알면서도, 안녕

　다가올 내일이 아무렇지도 않다면, 그건 너무 슬플 것 같다. 여행은 매일이 설레는 날들이었으니까. 그래서 이런 말을 하는가 보다.
　"일상을 여행처럼, 여행을 일상처럼"

'만남 뒤에는 이별이 있고, 끝이 있어야 시작이 있다'

이 말을 입에 달고 살던 나였다. 따끔한 이별보다 새로운 만남에 대한 기대에 훨씬 치우친 삶을 살던 나였다. 하지만, 너무나도 많은 처음을 함께한 제주를 떠날 때만큼은, 앞으로 가다가도 계속해서 뒤돌아보게 됐다. 한참이 흐른 지금도 그렇다.

그때를 한번 뒤돌아보면, 다시 앞을 보기가, 그곳에서 헤어 나오기가 버겁다.

5부

사람 홀리는, 홀리데이

일주일을 무지개처럼

　자동차가 없는 여행자에게 제주도는 쥐약이다. 아무래도 버스여행에는 한계가 있었고, 가고 싶었던 많은 여행지를 포기해야만 했으니까. 터무니없이 긴 배차간격 때문에 멍하니 버스만 기다리는 경우도 잦았고, 간혹 해가지기도 전에 막차가 가버리는 경우도 있었기 때문에. 그래서 삼 개월을 살았는데도 가지 못한 곳들이 태산이었다. 월세를 내고 사는 집을 두고 같은 지역의 숙소에 돈을 내는 것은 우습지 않은가. 그리고 다음 날 쌓인 여독을 품고 일할 생각을 하면, 도저히 먼 곳까지 갈 자신이 없었다.

육지로 돌아가기 전, 마음속에 묻어둔 여행지들을 하나 둘 꺼내서 찾아가 보기로 했다. 특히 마음에 드는 숙소를 하나하나 예약하면서 식어버린 애정이 다시 샘솟았다고 해야 하나. 매일 다른 천장을 보며 깨어나는 여행. 그 일주일의 휴가는 하루하루가 깨어난 후에도 생각나는 꿈처럼 진하게 스쳐갔다.

〈첫 번째 천장〉

연이네 다락방

- 제주시 구좌읍 동복리 1477-1

마지막 짐정리를 하다 보니 침침한 오후가 되어서야 구좌로 가는 버스에 올랐다. 제주시에서 출발한 버스는 잠들어 버렸다 깨어난 순간까지도 목적지에 도착하지 않았고, 장장 한 시간 삼십분을 달려 구좌라는 땅에 발을 딛을 수 있었다. 벨을 누른 정류장에는 함께 내린 사람이 단 한 명도 없었고, 버스에서 내려 둘러본 거리는 노란 가로등 불빛이 듬성듬성 이어져있었다. 대부분의 가게가 문을 닫았고 오직 자그마한 동네슈퍼에만 불이 보였다. 지나가는 사람 한 명 보기 힘든 전형적인 시골의 밤이었다. 할머니 댁이 원체 슈퍼 하나 없는 시골이라 딱히 무섭진 않았다. 그저 도시와 달리 이른 시각에 맞는 숨 막히는 고요함이, 조금은 당황스러웠다.

짧은 오르막 길 끝에 어둠속에서 홀로 새하얀 집이 있었다. 문을 열자마자 느껴지는 따뜻한 공기가, 사람 냄새가 나서 반가웠다. 비어있는 거실을 보고 두리번거리다 스텝을 부르는 벨을 찾았다. 그렇게 체크인을 하고 방 안내를 받았다. 이층침대의 이층은 이미 주인이 있었고, 자연스레 일층침대의 주인이 되었다.

이 숙소의 특징이 다락방의 존재였다. 문을 열면 이층침대가 놓인 방이 있고, 거기서 사다리를 타고 올라가는 다락방으로 나뉘어져 있는 형태. 이곳의 상징이라는 다락방과 고심하다, 그냥 방을 선택한 이유가 있었다. 그건 바로 침대의 이층에만 나있는 창문 때문이었다. 참고로 다락방의 창문은 엄청 위에 있었기 때문에 탈락. 야경을 보며 잠들고, 아침에는 구좌만의 싱그러운 풍경을 보며 기상하는 기분은 어떨까 궁금했다. 기대가 컸기에 제법 아쉬웠지만, 바보같이 늦게 도착한 나의 탓이니 누굴 탓할 수도 없었다.

캐리어를 펼치고 편한 옷으로 갈아입었다. 여덟시에 야외에서 시작될 영화를 기다리며 게스트하우스 방명록에 여행의 시작을 새기고, 나의 오래된 연습장에 짤막한 일기도 남겼다. 뒹굴뒹굴하다보니 어느새 영화가 상영되고 있어서 서둘러 밖으로 나갔다. 11월의 끝자락이었으니, 사실 야외에서 영화를 보기엔 꽤 쌀쌀한 계절이었다. 해먹에 누워서 담요를 꽁꽁 둘렀지만 차가운 바닷바람까지 공격에 합세했다. 이러다간 진짜 감기가 올 것 같았지만, 낭만은 유혹하며 속삭였다. 다시는 오지 않을 순간이라고. 결국 홀랑 넘어가서 꾸역꾸역 버텼지.

그깟 낭만이 뭐라고. 나 참.

아침부터 구름이 낮게 깔려있었다. 어제의 낭만에 대한 값은, 오늘의 내가 눈을 뜨자마자 재채기가 나오는 것으로 지불해야했다. 감기기운에 해롱거리며 조식을 먹으러갔더니, 아주 흔한 토스트와 잼이 준비되어 있었다. 다른 점이 있다면 사장님이 알려주신 대로 샐러드를 넣은 샌드위치는 그럴싸한 한 끼가 되었다는 거.

 지난밤 마무리하지 못한 대구행 택배들을 보내러 용담 갔다가, 다시 여행 속으로 들어가기 위해 정류장으로 갔다. 한 번에 동복리로 가는 버스를 두고 굳이 함덕에 내려서 버스를 갈아탔다. 누구나 돌아가는 걸 알면서도 구태여 돌아가고 싶을 때가 있다. 차로 금방 도착할 거리를 굳이 걸어가거나, 한 번에 도착할 경로가 있는데도 일부러 갈아타는 것과 같은. 나는 어제 지독한 멀미를 한 시간 반 동안 겪었고 그 길에 진절머리가 났다. 통틀어보면 시간이 더 설린내도, 한번 갈아타면 적어도 지루하진 않아서 좋았다. 그리고 함덕으로 가는 버스는 속이 트이는 바다와 함께 달린다. 해안도로를 둘러 가므로 길이 비교적 곧아서 멀미도 덜했고, 창 넘어 찬연한 바다를 구경하면 이 순간마저도 관광이니 완벽한 일거양득.
 무조건 빠르다고 좋은 게 아니니까. 여행만큼은 내가 좋아하는 시간이 많은 게 더 중요하니까.

  게스트하우스 중 유독 살가웠던, 사장님으로 보이는 직원
분이 기억에 남는다. 아침식사 때부터 먼저 웃으며 인사를
건네어왔다. 짐을 떠날 때에도 맡겨둔 짐을 가지고 조용히
나서려는데, 다가와서 기분 좋게 배웅을 해주신 덕분에 웃
으며 짐을 나섰다. 연이네 다락방은 며칠간 빈둥대며 머무
르고 싶을 만큼 편했고, 낭만의 밤에 감상한 영화는 꿈만
같았다. 우리가 영화를 보고 있는지, 이곳이 영화 속인지
분간이 어려울 만큼.

〈두 번째 천장〉

어떤날 게스트하우스

-제주시 구좌읍 행원리 720-1

바다는 기분에 따라 얼굴의 변화가 심했다. 흐린 날엔 우울한 모습이래도 보여주기라도 하지만, 폭우에는 제 얼굴을 드러내지조차 않았다. 그러다 맑은 날에는 언제 그랬냐는 듯이 웃어보였고. 정말 얄밉기 짝이 없다.

이 날은 어떤 날이었냐 하면, 하늘에서 좀처럼 해가 보이지 않는 날이었다. 더불어 내 마음도 차분히 가라앉고 마는. 대충 그런 날이었다. 그렇다고 해서 시작된 여행을 멈출 수는 없고.

"어쩌겠어. 흐림 그 자체를 즐기는 수밖에 없지."

라고 말은 했지만 아침부터 흩날리는 빗방울을 마주하자 실망이라는 감정이 불쑥 치밀어 올랐다.

어떤 날 게스트하우스가 있는 행원리에 도착했을 때, 비가 언제와도 이상하지 않을 만큼 흐리고, 그런데 정작 오지는 않아서 두려운 하늘이 있었다. 우울한 바다라도 만날 수 있다니 다행인건지.

처음 만난 고양이는 열린 문틈사이로 달려 나왔다. 당황한 나를 제치고 직원 분은 밖으로 나와 고양이를 잡아왔다. 문을 연 사람이 나여서, 문을 활짝 열어 죄송하다 했다. 직원 분은 집안에서 조금 바빠 보였고, 괜찮다는 답과 짐을 맡아주겠다는 말을 전하고 서둘러 문을 닫았다. 굳게 닫힌 문을 바라보다 뒤를 돌아 마당을 나왔다.

'바다를 보러가야겠다.'

끌리는 곳으로 향하는 여행이 가장 만족스러웠고, 매일의 행선지는 그날의 선택이었다. 오늘 역시 행원리로 오는 버스 안에서 들리는 지명을 듣고 어디를 가야겠다고 대강 생각해둔 게 다였다. 그렇게 반대편 정류장에 섰다. 기다리는 동안 노선도를 보면서 어느 정도 마음을 굳히고.

'월정리', '만장굴', '김녕 성세기해변'

시간을 확인해보니 아침부터 부지런을 떨어서인지 멀리 온 것치고 이른 시각. 가능하면 세 군데 다 가보자는 마음을 먹고 힘차게 버스에 올랐다.

"기사님, 김녕해변 가죠?."

"예. 타세요~"

핸드폰이나 버스노선도를 아무리 열심히 봐도 가끔 버스를 반대로 탔던 경험이 꽤 있었던 탓에, 초행길에는 기사님께 목적지를 묻는 것이 버릇이었다. 월정리까지 얼마 안돼서 금방 내릴 테니 운전석 주변에 자리를 잡았다. 잠시 후 방송을 듣고 하차 벨을 눌렀다.

그리고 지나가는 해변을 보면서 생각했다.

'오, 여기 해변도 예쁘다.'

그런 와중에 기사님의 당황한 목소리가 들렸다.

"어! 여기 김녕 간다고 했죠? 지나가버렸네."

지나치며 예쁘다고 생각한 저 바다가 내릴 곳이었다니. 기사님은 벨을 의식하지 못하고 지나쳐 간 것에 대해 재차 사과하셨다. 그래도 다음 정류장까지 가지 않고 알게 되어 다행이었다. 걸어서라도 갈 수 있으니.

"내려서 위쪽으로 조금만 걸어가면 바다가 나올 거에요. 그렇게 안 멀어요."

걸어가는 방법을 듣고 버스정류장이 아닌 길 한복판에서 하차했다. 여행은 사람을 놀랍도록 온화하게 만든다. 그저 나에겐 산책시간이 늘어났을 뿐이다. 느린 여행의 시간적 여유나 혼자라는 자유덕분인지는 모르겠지만.

바다는 흐린 하늘을 닮아 색이 흐릿했다. 허연 모래사장에는 떠밀려온 쓰레기와 미역이 사납게 뒤엉켜 있었다. 더이상 바다가 눈에 들어오지 않았다. 외할머니 댁 뒤편의 고인 저수지만 봐도 넋 놓고 바라보던 때가 있었는데. 이제 나도 바다 보는 눈이 생겼나 보다 싶어서, 한편으론 쓸쓸했다. 물만 보면 신기하다고 눈을 동그랗게 뜨던 내가, 날씨를, 풍경을 따지다니.

 월정리는 이름을 워낙 자주 들어서 마치 한 번쯤 와본 동네처럼 느껴졌다. 자주 챙겨보는 프로그램에 출연하는 연예인을 만난 기분이랄까. 월정리 해변으로 가는 길, 노을이 배경이 되어 군데군데 퍼진 구름이 어울리는 일몰의 끝자락이었다.

 나뭇가지 하나를 주워 와서 쪼그려 앉은 후, 축축한 모래에 끄적이고 사진을 찍으며 혼자 놀기의 정석을 보여주는 동안, 내가 낙서를 시작할 때 있었던 다른 사람들이 모두 나가고 해변에는 나만 남아있음을 깨달았다. 알게 모르게 나는 계속 파도로부터 뒷걸음질 치고 있었다. 맙소사! 빠르게 물이 차고 있었다. 물에 잠겨 형편없는 수영실력을 자랑하기 전에 서둘러 해변을 벗어났다.

 몸은 으슬으슬 떨렸고 머리에는 열이 났다. 이렇게 갑자기 몸이 악화될 줄이야. 비상약을 챙겨 다니는 편도 아니라서 혹시나 하는 마음에 게스트하우스 직원분을 찾았다.

"혹시 여기 두통약이나 감기약 있을까요?"

운 좋게 두통약이 있다며 건네어왔다. 감사인사를 전한 뒤 꼴깍 삼키고 서둘러 잠자리에 들 준비를 했다. 어떤날은 도미토리인데도 방안에 개별 화장실이 있어서 편했다. 튼튼한 나무침대에는 자리마다 각각 커튼과 스탠드가 있어서 분위기가 꽤 아늑했다. 가장 좋았던 것은 전기장판이 있었던 것. 전날 묵었던 숙소의 잠자리가 나에게는 조금 추워서, 때가 이르긴 하지만 전기장판이 그리운 찰나여서 더욱 반가웠다. 샤워를 끝내고 폭신한 이불 속으로 들어가자 몸이 사르르 녹았다. 피로가 밀려와서 머리도 말리지 않은 채로 잠이 들었다. 새벽이 되고 어느 순간부터 이불을 덮어도 추위가 느껴졌다. 잠결에 전원 버튼을 확인해보니 전기장판이 꺼져있었다.

'아…. 이래서 추웠구나.'

이유를 찾았으니 전기장판을 켜고 다시 잠들었다. 시간이 얼마나 흘렀는지 모르는 새벽, 똑같은 추위를 느끼며 잠에서 깼다. 추위 때문에 단잠에서 깨다니. 전기장판은 뭐 하자는 건지 싶었다. 이 끔찍한 상황은 새벽 내내 이어졌고 같은 행동을 몇 차례 반복하자 찌뿌둥한 아침이 밝았다.

마음 같아선 느긋하게 준비를 하고 싶었지만, 성산으로 넘어가기 전 아직 갈 곳이 남아있었다. 전날, 애석하게도 만장굴 버스정류장에 내려서야 입장시간이 지났음을 알았고, 오늘 아침 일찍 다녀올 생각이었다. 그래서 부지런히 떠날 준비를 했다. 하루를 위해 풀었던 캐리어를 다시 정리하고. 그러다 우연히 침대 옆에 있는 전기장판의 타이머를 발견했다.

'아, 타이머가 설정되어 있었구나.'

깜깜한 밤엔 버튼의 빨간 불만 빛났다. 잠결에 타이머까지 보일 리가. 지난밤 악몽의 미스테리가 허무하게 풀려버렸다.

버스는 이름 그대로 '만장굴 입구'라는 정류장까지 데려다 주었다. '만장굴 입구'에서 진짜 '만장굴'까지 차로는 오분, 걸어서는 삼십 분정도의 거리였다. 누가 봐도 걸어가기엔 참 애매한 거리. 세찬 바람이 택시를 부르도록 결정해주었다. 굴복당한 나는 택시를 탔고 바람과 사투하며 걸어가는 사람들을 쌩쌩 지나쳤다. 바람과 사투하는 사람들은 하나같이 표정을 찡그리고 있었다. 오기로 경험해본바 제주의 바닷바람은 아주 튼튼하니 맞서는 건 굉장한 무리수다. 날씨가 화창하다면 모르겠지만, 아무래도 이럴 때만큼은 택시를 타는 것이 최고로 현명한 선택이라고 본다.

입장권을 손에 꼭 쥐고 아래로 내려갔는데 아무도 구매한 표를 검사하지 않았다. 아침이라서 그런 건지는 잘 모르겠지만. 검표원도 없고 관광객의 수도 매우 적었다. 동굴 입구는 더욱 장엄하게 다가왔고, 혼자서 들어가려 하니 덜컥 겁이 나서 뒤에서 오는 관광객 무리를 잠시 기다렸다가 은근슬쩍 합류하기에 성공했다.

만장굴은 용암의 흔적을 그대로 담은 유네스코 자연유산답게 생소하고 신비로운 광경을 자랑했다. 그러면서도 동굴만의 음습한 기운이 낯설게 다가왔다. 점차 눈이 어둠에 익숙해지기 전까지 앞이 잘 보이지 않았고 바닥은 위험할 정도로 울퉁불퉁했다. 자연 그대로 훼손되지 않았으니 그럴 수밖에. 나는 바보같이 렌즈도 안경도 끼지 않아서 바닥의 분간이 어려웠다. 험한 산길을 올라가는데 슬리퍼를 신은 것과 같았다. 지나가는 사람들과 떨어지면 이런저런 무서움이 밀려와 거리를 유지하며 따르다 보니 끝이 어디인지, 그만 돌아갈까 하는 생각도 들었고. 와중에 주변의 함께 걷던 가족이 돌아간 것도 내게 영향을 미쳤다.

"여보, 앞으로도 여기랑 똑같을 것 같은데 그냥 돌아가자."

아기가 있는 가족이었으니 그럴 만도 하다. 하지만 나는 그놈의 오기 때문이라도, 내가 서있는 이곳이 절반이 넘은 구간일지도 모른다는 희망 때문이라도. 돌아서지 못하고 발걸음을 빨리했더니 어둠속에서도 휘황찬란한 색색의 등산복을 입으신 어머님들이 계셨다. 잃어버린 동행을 만난 것도 아닌데 괜히 반가운 마음이 들었다. 관광지였다는 인식이 들자 마음속의 은은한 공포는 사라져갔다.

사실 나를 위협하는 것은 따로 있었다. 물이 고일 정도의 웅덩이를 보지 못하고 엄청난 굴곡을 자랑하는 바닥은 힘주어 버티는 내 발목을 우습게 꺾어버렸다. 순간 그대로 자리에 주저앉았고 어떤 말도 안 나오는 찌릿한 고통이 밀려왔다. 한참이 지나 간신히 일어나 살금살금 걷기 시작했다. 이보다 더 어처구니없는 것은 되돌아오는 길에 오른쪽 발목까지 접질렸다는 사실이다. 만장굴에서 만신창이가 되었다는 비극적인 결말.

발목은 나에게 가장 믿음직스러운 신체부위였다. 외관상이 아니라 건강상으로 말이다. 평소에 앞을 못보고 가다가 넘어져 아무리 크게 접질려도, 일어나는 순간이 회복시간인 수준이었다. 과장을 조금 보태긴 했지만 나의 발목은 튼튼함으로써 안정권에 속해있었단 말이다. 하지만 동굴은 만만한 곳이 아니었던 것이다.

자연은 아름다우면서 잔인하다. 대구로 돌아와서도 장장 육 개월은 시큰거렸고 궁극에는 한의원 치료까지 받아야 했다. 결말은 병원이라는 비극이래도 이 에피소드는 '동굴에서 발목 한쪽도 아니고, 둘 다 다친 애' 라는 주제로 시작해서 많은 사람들에게 웃음을 선사했으니, 합리화를 거치면 해피엔딩이다.

〈세 번째 천장〉

안나106

– 서귀포시 성산읍 고성리 2227–1

성산은 원래도 다른 지역보다 바람이 세다고 알려져 있다. 나중에 알았지만, 내가 성산에 도착한 그 날은 심지어 강풍주의보가 뜬 날이었다. 그런 줄도 모르고 원래 바람이 세다고 하더니 이 정도일 줄이야 하면서 걸었더랬다. 정류장 이름이 비슷해서 어쩌다 전 정류장에 내렸고, 택시비 좀 아껴볼까 하는 마음에 걸어가기로 결정했다가 큰코다쳤다. 시작하면 끝을 봐야하는 성격상 중간에 포기도 않았고. 지도상 거리는 도보 삼십분이었는데, 바람과 맞서 캐리어까지 끌며 거의 오십분 가량을 걸었다. 그렇다. 늘 택시가 옳다.

예약해둔 게스트하우스에 도착했을 때 나는 녹초인간이었다. 집에서 휴식을 취하지 않으면 도저히 아무것도 하지 못하는. 사정을 말하고 양해를 구했더니 체크인 시간보다 조금 빠른 입실을 도와주셨다. 겉옷도 벗지 않은 채 전기장판을 킨 침대에 누웠다. 차가워진 몸을 녹이다 조금씩 잠에 빠져들었고, 일어나보니 오후 네 시가 지나있었다. 무겁고 노곤한 몸을 뒤척거리며 갈등에 빠졌다.

'그냥 더 자고 말까. 내일도 남아있는데….'

여행 중반이었지만 이동으로 인해 제대로 쉰 날이 없었다는 합리화가 먼저 등장했다. 하루쯤은 숙소에서 푹 잠들어도 될 것 같았다. 하지만 처음 와본 성산에서 이렇게 나태한 하루를 보낼 수 없다는 생각이 늘어지는 몸을 일으켜 세우도록 조종했다. 캐리어 속 옷더미 중에서 가장 두

꺼운 옷으로 무장을 하고, 마스크와 목수건까지 둘러서 밖으로 나섰다.

부지런도 하지. 해는 벌써 지고 있었다. '일출'이 빠진 '성산일출봉'으로 향했다.

'뭐야, 이렇게나 높다고?'

처음 마음가짐은 발을 딛는 것에 대한 의미였다. 날도 저물어가는 마당에 가까운 입구까지만 가보자 하는. 본격적인 오르막을 앞두고 고민하다가 올라갈수록 달라질 풍경이 발목을 잡았다. 오르면 오를수록 다른 풍경이 있어서 차마 포기하지 못했다. 돌아서 내려가면 그만이지만 그대로 내려갔다간 다음날에도, 제주를 떠난 뒤에도, 계속해서 정상의 풍경이 궁금증으로 남아 괴롭힐 것 같아서. 강풍주의보를 업고 성산일출봉의 꼭대기에 닿았다. 얼마 후 분화구에서 완전한 일몰을 맞고 형형한 야경과 나란히 내려왔다. 다음날, 우도로 가는 택시에서 기사님이 하신 말씀.

"어제 바람이 그렇게 불었는데 거길 다녀왔다고? 진짜 대단한 아가씨네!"

칭찬을 받고 어린아이처럼 혼자서 그게 얼마나 힘들었는

지에 대해 묻지도 않은 자랑까지 늘어놨다. 그날 돌아서지 않고 정상에 오르길 잘했다.

택시를 타야할 이유는 많다. 일출봉에서 출발한 버스를 타고 숙소주변에 내렸다. 하얀 가로등이 이어진 밝은 대로 변이었음에도 불구하고 차나 사람이 전혀 다니지 않았으며 세워진 건물조차 드문 거리였다. 밝지만 황량하고 익숙하면서도 낯선 거리에서 주변을 경계하며, 휴대폰 속 지도를 보면서 숙소로 향했다. 잔뜩 위축된 상태로 나아가다가 지도가 가리키는 길 앞에서 나는 멈추어 섰다.

여기가 길인지 허공인지 분간이 되지 않을 만큼 깜깜한 공간을 마주하고, 순간 그 자리에서 모든 사고가 얼어붙었다. 조금만 가면 작은 불빛이라도 나오지 않을까 하는 희망을 붙잡았다. 하지만 공중을 걷는 기분은 떨쳐내기 어려웠다.

'내가 그래도 귀신의 집에서 일한 사람인데, 이게 뭐라고!'

제주 오기 전 귀신역할로 살았던 시절을 떠올리며 계속해서 길의 초입에서 망설였다. 그러나 시골 개가 짖는 소리한 번에 소스라치며 돌아 나왔다. 어둠에선 보이는 게 없으니 도대체 어디서 들리는지조차 알 길이 없었다. 원래대로면 순식간에 도착할 테지만, 미미하게나마 가로등 있는 길로 빙빙 돌아서 숙소에 도착했다. 나름 어둠에 공포가 없다고 자신했는데도 이번만큼은 포기를 선언했다. 아직 나는 멀었나보다.

안나106은 외진만큼 압도적으로 신비로웠다. 동화 '헨젤과 그레텔'이 현대판으로 그려진다면 딱 이런 곳이 배경이 되지 않을까. 건물은 저택에 가까웠다. 집안 역시 고급스러운 인테리어와 가구들로 꾸며져 있었다. 높은 천장과 거기에 매달린 조명까지도, 하나같이 그런 분위기를 풍겼다. 여태껏 다녀본 게스트하우스 중에서 가장 호화로운 집이라고 해도 과언이 아닐 만큼.

다음날 아침은 반전 그 자체였다. 살아있는 초록의 들판과 울창하고 우거진 나무에서 생기가 뿜어져 나왔고 나무에 열린 윤나는 감귤은 각각이 다채로웠다. 물론 일층 마당에서 사납게 짖는 강아지들은 그대로였지만.

'말은 제주로 보내고, 사람은 서울로 보내라.'

언제 들었는지 기억도 나지 않을 만큼 친숙한 문장. 그만큼 제주도 말이 유명했다. 그래서 막연하게 한번쯤 제주도에서 승마를 해보고 싶었다. 하지만 생각보다 승마장이 많지 않았다. 사실 정확히 말하자면 마음에 드는 승마장이 없었다고 해야하나. 그저 초등학교 운동장 같은 모래사장을 한 바퀴 도는 것에는 크게 구미가 당기지 않았다. 그건 제주도가 아니라도 가능하니까. 수시로 승마체험을 찾아 인터넷을 뒤적거렸다.

'언젠가 다시 제주에 오면 해야겠다.'

미련을 버리려 할 때쯤, 광치기 해변에서 승마체험을 했다는 보석 같은 글을 발견했다. 완벽한 조건에 홀려서 속으로 다짐했다. 무조건 성산에 가면 광치기 해변에서 승마를 해야겠다고.

성산에 왔으니 확인 차 다시 검색을 하다가 뜻밖의 난관에 부딪혔다. 승마체험은 꼭 두 명이서 가능하다는 점. 내가 말을 타러 갔을 때 희박한 확률로 마침 혼자 온 사람이 더 있어야 탈 수 있다는 뜻이다. 사유는 말이 두 마리인데

돌보는 주인이 한명이라서 두고 가면 볼 사람이 없기 때문이라고 했다. 사정은 이해하나 나에겐 난관이었다. 해결을 위해서 무작정 광치기 해변에서 함께 탈 사람을 기다리거나, 혹은 미리 같이 타러 갈 사람을 찾아야했다. 우리 방은 내가 성산에서 돌아오던 순간까지 다른 침대의 주인이 나타나지 않았다. 다른 방에서 시끌벅적한 소리가 들리는 걸 보면 여러 명이 함께 방을 쓰는 듯 했다. 혹시 승마에 뜻을 도모할 이가 있지 않을까 방문 앞을 기웃거리다, 화기애애한 웃음소리에 그냥 방으로 돌아왔다.

거의 밤 열시가 다 되어갈 즈음에 방문이 열렸다. 신이 절망하지 말라고 보내준 선물 같았다. 이 선물 같은 사람은 친구와 제주도에서 만나기로 한, 순천에서 온 회사원 언니였다. 친구와 며칠 뒤 약속이라, 잠시 여기서 혼자 지낸다고 했다.

순천 언니는 사근사근하게 깊은 친절을 베풀었다. 끼니를 챙기지 않아 밤에 배가 고팠지만, 당장 주변에 가게가 없으니 무심결에 던진 말이었다.

"배고픈데 이 주변에는 뭐 살 곳이 없어요."

"배고파요? 그러면 이거라도 먹을래요?"

언니는 가방 속에서 컵라면 하나를 꺼내 선뜻 내밀었다. 한국에서 여행을 하면서는 컵라면 같은 식량을 가지고 다닐 필요가 없었다. 늘 주변에 편의점이나 식당이 즐비했으니까. 생각지도 못한 친절이 더욱 고맙게 느껴졌다. 솔직히 가방 깊숙이 있는 음식을 굳이 건네지 않아도 되었다. 모른 척 해도 아무도 모르는 그런. 그 친절을 알기에 언니의 식량은 빛과 같은 야식이 되어주었다.

"언니 혹시 내일 어디 갈 거예요?"

"우도? 일단 생각중이야."

우도 역시 배만 떠준다면 가보고 싶은 곳이었다.

"그럼 같이 다닐래요?"

이어서 자연스레 승마체험에 관한 말을 꺼냈다. 혹시나 거절한다면 승마는 포기해야 하나 걱정이 많아서 뜸을 들이다 말을 꺼냈고, 다행히도 승낙의 답변이 돌아왔다고 한다. 그렇게 우리는 하루를 함께 했다.

날씨가 좋아야 배가 뜰 텐데 마냥 화창한 날씨는 아니었다. 그래서 먼저 광치기 해변으로 갔다. 푸른 잔디밭에는 말 두 마리가 자유롭게 풀을 뜯고 있었고, 말 주인은 보이지 않았다. 일단 바다를 만났으니 해안가 가까이로 갔다. 광치기 해변은 시기별로 물때가 정해져 있다. 미리 알아보고 간조 때에 맞춰온다면, 물이 빠지고 드러난 특유의 풍경을 마주할 수 있다. 이끼가 낀 바위들 사이에 바닷물이 고여 있는 해안가. 이끼가 잔뜩 낀 바위 위로 이동을 하다가 몇 번이고 미끄러질 뻔했지만 그런대로의 재미가 있었다.

다시 잔디밭으로 돌아갔다. 아직도 말 주인은 보이지 않았다.

"말 타러왔어?"

기웃거리는 우리에게 귤을 팔고 있는 할머님께서 말을 걸어오셨다.

"그 분 아까 어디 가던데."

"아, 오늘 하기는 하시는 거겠죠?"

"그럼! 저렇게 말들 두고 갔으니 오겠지."

무작정 가만히 기다릴 수는 없어서 고민하던 와중에 안심이 되었다. 우도부터 다녀오면 되니까.

"알려주셔서 감사합니다. 귤 하나만 주세요."

"우리 귤 맛있어. 고마워요."

감사한 마음에 할머님께 귤 한 봉지를 샀다. 그리고 택시를 타고 선착장으로 향했다. 귤은 달았고, 우도에 가서도 좋은 간식이 되었다. 택시기사님과 오순도순 성산일출봉에 대한 이야기를 나누며, 점점 맑아지는 하늘아래를 달려 선착장으로 향했다. 기사님의 제주 방언이 넘치는 대화는 참 정겨웠다.

우도를 누빌 방법은 다양했고 장단점도 존재했다. 시간만 넉넉하다면 산책하며 찬찬히 구석구석을 구경하고 싶었지만, 두 시간 뒷면 돌아갈 배가 도착한다. 우린 적당한 타협으로 자그마한 전기차를 선택했다. 순천 언니는 운전을 하고, 나는 뒷자리에서 주크박스 역할을 맡았다.

우리들의 첫 번째 목적지는 우도하면 알아주는 유명한 땅콩버거를 파는 가게였다. 제주토박이 민석이도 추천한 맛집이라서 꼭 한 번은 가보고 싶었다. 사람이 꽉 차 보이는 내부였지만, 운 좋게 빈자리가 있어서 기다리지 않고 착석했다. 얼마 지나지 않아 주문했던 땅콩버거가 나왔다. 내용물이 많아, 높이 솟아있었다. 직원은 익숙한 듯 사진을 먼저 찍으라며, 예쁘게 완성된 버거 접시를 놓아주었다.

"사진 다 찍으시면 잘라드릴게요."

듣고 보니 사진을 꼭 찍어야만 할 것 같아서, 핸드폰을 꺼내 대충 찍어준 다음, 바로 잘라달라고 말했다. 벌써 다 찍었냐고 되 물었지만, 늦은 점심에 배가 많이 고픈 상태였다. 주어진 시간이 두 시간 뿐이라는 은근한 압박에, 빠른 속도로 음식을 먹고 다시 전기 차에 올랐다. 땅콩 버거는 기대가 너무 컸는지, 그저 딱 예상 가능한 맛이었다.

배를 채웠으니 이제 구경을 하러 갈 차례였다. 한때 우도에서 살았다는 룸메이트 언니가 추천한 '서빈백사'를 가기로 했다. 이름이 나랑 비슷하다는 점도 끌렸다. 해변으로 가는 길엔 하얀 모래가 너무 고와서, 미끄러지듯 아래로 내려갔다. 바다와 모래가 눈부시게 반짝였다. 특히 바다의 물빛은 어디서도 보지 못한 그라데이션으로 나누어져 있었다. 누군가 색칠을 한 듯, 찬연한 그림처럼 아름다웠다.

한때 우도는 제주의 한 섬일 뿐이라고 생각했다. 그러니 바다도 그저 비슷할 것이라고. 하지만 직접 경험한 우도는 그저 우도일 뿐이었다. 작은 제주도가 아닌 그만의 매력이 가득한 하나의 섬이었다.

광치기 해변으로 가는 택시를 탔다. 이번 택시기사님은 정말 솔직하신 분이었다.

"저희 이제 저녁 먹으러 가는데, 혹시 현지 맛집 추천해주실 곳 있을까요?"

"아유. 여기 살아도 맛집은 잘 몰라요. 알아도 사람마다 취향이 있어서 추천해줘도 맛없을 수도 있고."

그렇다. 여행처럼 맛집 역시 사람마다 취향에 따라서 만족도가 달라지는 것은 확실했다. 지인들이 대구로 놀러온다고 할 때, 막상 맛집을 추천해주가 꺼려지는 것과 마찬가지겠지.

다시 찾아간 광치기 해변에서는 이미 승마체험을 하고 있는 사람들이 보였다. 해변을 따라 천천히, 또 빠르게 움직이는 말들. 잠깐의 기다림 끝에 차례가 되어 말에 올라탔다. 승마체험을 시작하고 말 주인분과 대화를 나누다가, 고향 사람이라는 사실을 알고 반가워하며 말을 이어나갔다. 내가 탄 말은 이십 대고, 언니가 탄 말은 십 대라고 했는데, 듣고 보니 덩치의 차이가 보이는 듯했다. 현실적인 대화를 하며 노을이 깔린 바다를 바라보자, 말을 타는 이 순간만큼은 현실과 멀어지게 만들었다.

드디어 꼭 해보고 싶었던 제주 리스트 하나를 지웠다!

추운 날, 버거웠을 나를 태우고 달려준 말에게 잊지 못할 고마움을 전한다.

〈네 번째 천장〉

넙빌레 하우스

– 서귀포시 남원읍 위미리 4196–1

야자수가 있는 집은 누구에게나 꿈같은 풍경일 것이다.
우리 엄마도 여기서 찍은 사진을 보고 그랬다.

"어머. 여기 무슨 외국 같다~"

마당엔 높게 자란 야자수가 있고, 바로 앞은 넓게 펼쳐진
파란 바다가 있는 집. 넙빌레 하우스가 가진 풍경이었다.

늦은 밤도 아니었건만 십일월은 일곱 시만 되어도 온 세상이 캄캄했다. 성산에서 출발한 버스가 서귀포로 넘어가는 동안 이어폰으로 음악을 들으며, 해가 내려앉고 완전한 어둠이 오는 내내 그 모습을 지켜봤다. 덕분에 시간은 체감보다 빠르게 흘러서 다음 숙소가 있는 남원에 다다랐다. 도로의 가로등은 갈수록 줄어들더니, 내가 내린 곳 역시 노란 불의 가로등이 듬성듬성 있는 고요한 마을이었다. 나에게 지도는 십분만 걸어가면 된다고 말해주는 듯해서 여기도 누군가에겐 친숙한 곳이겠거니 하면서 발을 뗐다.

대문을 열고 들어갔을 때 나와 비슷하게 도착한 사람이 있었다. 간발의 차이로 사 인실을 하루 동안 함께 쓰게 된 세 사람 중 마지막으로 도착했다. 그리고 남아있는 이층침대를 고를 수밖에 없었고. 한 분은 회사를 그만두고 과감히 제주여행을 떠나온 이십 대 후반의 언니였고, 내 아래 침대를 쓴 다른 언니는 삼십대 초반의 아기 엄마였다. 사실 첫인상에서 동안의 마른 외관을 보고 나는 유부녀는커녕 삼십 대 일거라곤 상상도 하지 못했다.

"아기가 너무 귀여워요! 몇 살이에요?"

"아직 어려서 시부모님께 맡기고 몰래 나왔어. 육아에 살림만 하다 보니까 여행을 가야겠더라고."

우리는 간단한 소개로 시작해 잠들기 전 감성에 젖어 수많은 대화를 나눴다.

"귀여운 아기가 있고, 예쁜 가정을 꾸렸고, 겉모습까지 젊음을 유지하다니. 언니는 성공한 인생이네요."

"너를 보면 스무 살의 나를 돌아보게 돼. 어떻게 그런 생각을 했니? 스무 살의 나는 자유롭게 살지 못한 것 같아. 안정적인 삶을 택한 거지. 그래서 네가 참 대단하고 기특해. 진심으로 난 너를 응원해."

오늘 처음 만난 남에게 여태껏 내가 가장 듣고 싶어 했지만, 가족에게도 듣지 못한 이야기를 해주었으니 순간 마음속의 위로받은 내가 울컥했다. 가져보지 못한 모습에 대해 서로를 칭찬하고 부러워했다. 칭찬은 인정받는 일이다. 인정받는다는 것은 축복이고. 한마디로 우리의 밤은 축복이 내리는 밤이었다.

어제저녁 들어보니 차를 렌트한 언니들은 나보다 짧은 여행인데도 이미 많은 곳을 다녀왔다고 했다. 만약 여행 노선이 겹친다면 동행하고 싶었지만, 두 사람 모두 이제 여행의 끝자락이었다. 그녀들을 보며 꼭 다음 제주는 차를 가지고 여행을 해야겠다고 다짐했다. 대중교통과 차는 너무 큰 차이가 존재함을 다시 한 번 체감하다. 약간의 허탈감이 들었지만, 그럼에도 꿋꿋이 짐을 싸고 다음 여행을 준비했다. 시간에서는 내가 우위에 있으니 괜찮다고 스스로를 다독이며.

자기 전 휴대폰에서 숙소 주변에 영화 '건축학개론'의 촬영지인 카페 '서연의 집'이 있다는 글을 발견하고 가보기로 했다. 걸어서 약 이십분 정도. 마을을 산책하는 기분으로 골목을 지나며 마을의 길고양이와 마당에 누워있는 강아지도 몇 번 마주하고, 아기자기한 동네 유치원과 돌담, 감귤밭 등을 구경하며 걸었더니 해안가에 위치한 하얀 카페가 바로 눈에 들어왔다.

일층창가에 햇살이 잘 드는 자리를 골라서 앉았다. 바로 옆 창밖에 고양이 한 마리가 나른하게 드러누웠고, 나도 고양이와 같이 햇살을 느꼈다. 달달하고 싱그러운 오전의 여유였다. 음료를 다 마셔 갈 때쯤 이층으로 올라가 서연의 집의 상징과 같은 테라스로 갔다. 초겨울의 잔디밭은 푸름을 찾아보기 힘들었고, 영화와 달라서 조금 실망했다. 그래도 한 아주머니께 사진촬영을 부탁을 드렸더니 포즈까지 권해가면서 열성적으로 사진을 찍어주셔서 재밌게 사진을 찍었다.

"저기 먼 바다 한번 바라봐. 옳지! 뒤로 돌아보고!"

뜻밖의 사진사 덕분에 마음에 쏙 드는 사진을 여러 장 얻어서 카페를 나섰다.

이중섭거리는 하나의 거리가 아기자기한 가게들로 채워져 있었다. 힘들만큼 가파른 오르막위에 나란히. 평일이라 관광객이 붐비지 않아 한산했음에도 불구하고, 구경을 하는 동안 지친 몸이 버거운 탓에 더 이상 물건들이 눈에 들어오지 않았다. 또한 여행 초부터 따라다니던 지독한 감기가 거하게 왔다. 여행이 끝난 후, 육지에 가면 병원부터 가야겠다고 생각은 했는데. 그렇게 꾹꾹 참으며 여행을 밀어붙였더니, 어느새 감기가 절정에 다다라 기력이 다해 버렸다.

강행하기엔 무리라는 판단이 들었고, 가려고 했던 중문을 포기하고 바로 다음 숙소인 산방산으로 향했다. 무거운 캐리어를 끌며, 오랜 시간 버스를 타고, 매일 다른 지역으로 가는 여행은, 보통 체력으로 해내기 힘든 일이었나 보다. 어쩌면 이 모든 것이 내 욕심이 낳은 결과물일지도. 하나를 얻으면 하나를 잃는, 일장일단의 치명적인 문제였다.

〈다섯 번째 천장〉

산방산 온천 게스트하우스
- 서귀포시 안덕면 사계리 981

가려고 했던 여행지를 포기했지만 아쉽다는 생각보다 빨리 숙소로 가고 싶다는 생각이 훨씬 컸으니, 후회 없는 결정이었다. 온천이 있는 숙소라니. 말만 들어도 피로가 싹 풀리는 기분이었다. 그리고 예전부터 가보고 싶었던 탄산온천이니 미리 가서 넉넉하게 휴식을 취하고 싶었다. 잘하면 감기까지 싹 날아가지 않을까 하는 기대도 컸다.

산방산과 산방산 온천은 명백히 다른 곳에 위치해있었다. 그 사이의 거리도 버스도 각각 버스를 타야했다. 헷갈려 하는 사람이 많은지, 두 곳을 나누어 표시해둔 버스 시간표까지 붙어있었다. 확인해보니 다음 버스가 올 때까지 삼십분 정도의 시간이 남아있었다. 근처에서 점심을 먹고 시간 맞춰 버스에 올랐다.

"이거 산방산 온천 가는 버스 맞죠?"

"온천은 이 버스 아닌데? 이거 뒤에 오는 버스에요."

나는 버스 시간표를 확인하고도 산방산과 산방산 온천을 반대로 기억한 것이다. 그렇게 총 한 시간을 기다려 버스를 탔다. 이번에도 혹시 몰라서 기사님께 여쭈어보는 버릇 덕분에 살았다.

서귀포의 풍경은 달랐다. 푸르른 잎이 잔뜩 돋아난 나무들이 있었고, 멀리 보이는 곳엔 그런 나무들이 모인 산으로 빽빽했다. 점심을 먹고 햇살 가득한 창가 자리에 앉아있으니 졸음이 쏟아졌다. 지도로 현재 위치를 켜보니 아직 온천까지 거리가 있어서 잠시 눈을 감았다.

"산방산 탄산온천 가실 분들 내리세요!"

기사님의 목소리였다. 가까스로 선잠에서 헤어 나와 내릴 수 있었다.

문은 활짝 열려있었고 들어가는 입구에는 카운터가 있었다. 직원분의 설명도 체계적이었다. 이곳은 한마디로 수학여행 때 다녀온 유스호스텔과 같았다. 안내를 받고 방에 들어서자 이층침대가 네 개나 있었다. 왠지 침대 수만 들으면 답답할 것 같지만 방이 넓고 천장도 높아서 오히려 작은 방에 한두 개의 이층침대가 있는 것보다 널널하게 느껴졌다. 침대에는 콘센트가 하나씩 구비되어있었고, 머리맡에는 개인 스탠드와 선반이 있어서 다인 실이지만 개인물품을 두기 유용했다. 특히 바닥이 할머니 댁의 온돌방처럼 뜨끈뜨끈하게 올라왔다. 간단한 짐 정리 후 편한 옷으로 갈아입고 침대에 누웠다. 조용하고 따뜻한 방에서 늘어졌다. 몸이 노곤했다.

"혹시 이 자리 주인분이세요?"

"네?"

"여기가 제 자린데 짐이 있어서⋯."

"아! 자리가 따로 나누어져 있어요?"

"네. 여기 종이 보시면 나와있어요."

"죄송해요. 바로 비켜 드릴께요!"

"아니에요. 그럼 제가 이쪽 자리 쓸게요. 저는 이 자리도 괜찮아요!"

보편적인 게스트하우스처럼 도착한 순서대로 각자의 자리를 선택하는 것이라고 생각했다. 이렇게 침대 번호가 정해진 곳은 처음이었다. 침대 주인의 말을 듣고 보니, 체크인 시 주는 안내서 구석에 침대 번호가 따로 적혀있었다.

가장 먼저 도착해서 자리를 마음대로 골랐다. 일층 자리도 다 비어있었고, 자리마다 큰 차이가 없어 보여서 아무 자리나 고른 것이었는데. 미안한 마음이 들어 연신 사과를 했다. 자신은 괜찮으니 신경 안 써도 된다며, 저녁에 있는 파티에 참석하는지 물어왔다. 나는 쉬다가 일찍 잘 생각이라서, 불참한다고 대답했다. 밤이 되자 숙소의 여러 사람들이 게스트하우스에서 주최하는 파티에 참석하기 위해 떠났다. 파티는 늦게까지 이어지는듯했다. 밤에는 보지 못한 침대 주인들이, 아침에 일어났을 때 모두 돌아와 있었으니.

 어디로 가야할지 정하지 못한 탓에, 파티도 참석하지 않은 내가 제일 마지막으로 숙소를 나섰다. 결국 어제 보았던 풍경을 다시 감기하며 가려고 했던 중문으로 돌아갔다. '중문 관광단지'는 말 그대로 단지였기 때문에, 걸어 다니기에 약간 힘겨울 정도로 넓었다.

 천제연은 제1폭포와, 2폭포, 3폭포로 나누어져 있었다. 먼저 제1폭포를 보기위해 아래로 내려갔다. 작은 등산로라고 설명하면 쉽겠다. 살짝 경사가 있어서 오르내리면 살짝 숨이 찰 정도였다. 제1폭포는 그날 물이 적었던 건지 규모가 작은 편이었다. 그래서 폭포보다, 가까이 가지 않아도 바닥의 돌멩이가 보일 정도로 투명한 물이 시선을 사로잡았다. 뒤편에 배경이 된 네모난 바위들이 병풍처럼 보였다.

 짧게 구경을 마치고 나니 제2폭포와 제3폭포가 기다리고 있었다.

 '굳이 가봐야 할까.'

가파르게 내려가는 계단 앞에 서서 망설였다. 결국 나는 지친 육신에게 지배당했다. 넓은 중문 관광단지에서 아직 가보지 못한 곳을 다 둘러보려면, 되도록 체력을 아껴야지 하는 핑계로.

이날 나는 천지연폭포가 더 귀에 익어서, 천제연으로 표시된 표지판을 보면서 의문이 생겼다. 검색을 해보니 새로운 사실을 알게 되었다. 천제연과 천지연은 다른 폭포였다. 이름이 왜 비슷해서 사람을 헷갈리게 하는지. 이걸 다른 사람들에게 말했을 때, 내가 말을 해줌으로써 알게 된 사람들이 수두룩했다.

실내 관광지는 이렇게 맑은 날 가고 싶지 않았다. 그래서 결국 고른 곳은 바다. '색달 해수욕장'이라는 이름이 색깔이라는 단어를 연상시킨다는 단순한 이유로.

가는 길에 아주 높은 구름다리를 건넜다. 다리는 폭포보다 한참 위에 있었다. 관광객들은 모두 그곳에 모여 있다고 해도 과언이 아닐 정도로 그랬다. 아주 먼 바다까지 보이는 것을 보면, 그곳은 전망대의 역할을 하는듯했다. 어떤 외국인은 다리를 바깥쪽으로 빼고 아슬아슬하게 걸터앉아있었다. 보는 내가 심장이 저리고 불안했다. 그리고 다리를 건너고부터 거의 텅 빈 공원이었다. 평일이라 그런지 가는 길이 쓸쓸하도록 한산했다. 멀리서 본 바다는 텅 빈 모래해변과 어우러져 마치 무인도처럼 보였다. 같은 제주도 안에서도 바다마다 분위기가 확연히 달랐다.

색달해변이 서귀포에 위치해서일까, 정말로 짙고 파랬다. 아무도 없는 해변이었지만 그 자체로 보기 좋아서, 가까이 다가가고 싶지 않았다.

나는 멀리서 해변을 바라보다 발걸음을 돌렸다.

〈여섯 번째 천장〉

1158 게스트하우스

– 제주시 애월읍 고내리 1158

 예약한 숙소 중에서 가장 후기가 적었다. 그래서 반신반의하며 예약을 했던 기억이 있다. 하지만 그에 비해 가장 따뜻한 기억으로 남은 곳. 1158은 족욕 카페와 함께 운영되는 게스트하우스였다. 바로 앞에 애월의 푸른 바다가 펼쳐져 있어서, 통유리를 통해 바다를 보며 족욕이 가능했다.

마치 바닷가에서 족욕을 하는 기분이 든다고나 할까. 물론 숙소의 방 역시 바다 방향으로 한 면 전체가 창문이었다.

서귀포에서 애월까지 버스를 타고 넘어왔다. 날은 흐리고, 몸은 천근만근이었다. 감기는 끝까지 지독히도 따라붙어서 또다시 몸살로 변질되었다. 열이 나는 몸을 이끌고 숙소로 걸어가는 와중에 빗방울까지 떨어지기 시작했고, 이내 비는 점점 거세지려 했다. 뛰다시피 걸어서 보다 빠르게 숙소에 도착했다.

귀여운 캐릭터가 건물에 크게 붙어있어서 한눈에 알아볼 수 있었다. 족욕 카페가 있는 이층으로 올라가 직원을 찾았다. 체크인을 하고 숙소가 있는 삼층으로 가서 간단한 안내를 받았다. 섬세한 말들을 건네는 여자 주인이 정말 친절했다. 그리고 몸이 좋지 않은데 혹시 전기장판이 있는지 여쭈었더니, 선뜻 창고에 전기장판을 꺼내주었다. 솔직하게 일거리를 더하는 것인데, 창고에 넣어두어서 없다고 해도 될 것을 선뜻 내주었다는 것. 성산에서 만난 순천언니와 마찬가지로, 사소하지만 진정하게 따뜻한 마음이었다.

"해지기 전에 내려와야 돼요! 그래야 바다 보면서 족욕하니까. 어서 내려와요~"

감사 인사를 하고 방으로 들어와 전기장판을 틀고 편한 옷으로 갈아입었다. 전기장판 덕분에 두 배는 포근해진 이불 속에서, 잠깐 몸을 데우고 이층으로 내려가자 아쉽게도 해는 져있었다. 나름대로 빠르게 준비를 하고 내려오려 했지만, 체온으로 따뜻해진 이불 속을 뿌리치는 것은 언제나 어려운 일. 나보다도 사장님이 더 아쉬워하셨다. 여기는 바다가 포인트인데, 손님들이 항상 늦게 오고 그래서 놓친다며. 일찍 왔음에도 불구하고, 쉬느라 간발의 차로 밝은 바다를 보지 못한 나를 더욱 안타까워 하셨다.

처음엔 혼자였던 족욕 카페에 점점 사람들이 들어오기 시작했다. 여행객들이 일정을 마치고 모여든 듯했다. 마침 물도 식어가는 찰나여서 족욕을 마무리하고 방으로 올라왔다.

한 건물에 모든 것이 있으니 이동이 편리했다. 그리고 탄산온천처럼 이곳도 게스트하우스 이용객은 족욕이 무료였기에, 여러모로 이번 숙소는 현명한 선택이었다. 족욕에 반해서 예약했기 때문에, 크게 기대하지 않았던 숙소까지 깔끔해서 만족스러웠다. 특히 각자의 침대 네 개가 마련된 사인실은, 한 면이 창으로 되어 바다가 한눈에 들어왔고, 노란 빛의 간접 조명을 켜면 그렇게 아늑할 수가 없었다. 오히려 홈페이지에서 본 사진보다 실물이 낫다는 생각이 들 정도로. 거기다 주인분의 인정 넘치는 친절까지 더해지니, 이모네에 다녀온 듯 몸과 마음이 편안한 공간이었다.

〈떠나는 날〉

우리 집

— 대구시 달서구 도원동

아침 여섯시에 일어나 이른 아침을 먹고 공항으로 가는 버스에 올랐다. 비행기는 구름을 가르고 섬을 떠나 육지로 향했다.

창밖으로 작아지는 섬을 보니 마음이 비행기와 같이 붕 떴다. 오랜만에 마주할 가족들의 얼굴보다, 이제 만나기 어려울 제주사람들이 아른거렸다. 어째 떠나는 순간부터 그립다니. 청승맞기도 하지. 먹먹해지는 마음을 막으려 창문 커버를 내리고, 반대쪽으로 고개를 돌렸다.

드디어 제주 워킹홀리데이의 끝을 맞았다.

짐을 모두 택배로 부치고 용담을 떠날 때, 그러니까 회사를 퇴사함으로써 제주 생활이 끝났다고 볼 수 있겠지만, 내 기준에서는 비행기를 타고 제주도를 떠날 때가 진정 마지막이었다.

일주일 동안 욕심을 부려 몸을 혹사시키기고, 위험한 순간을 맞닥뜨리기도 했다. 그랬던 나날들이 모여서, 한 뼘 성장한 지금의 내가 되었다. 혼자라서 외로웠지만, 혼자라서 후회 없이 여행했다.

완벽한 나만의 홀리데이.

매일 다른 천장을 만나는 여행 덕에, 숙소에서 많은 인연을 스쳤다. 한편으론 세상의 구석에 방문한 듯 했다. 건강을 챙기지 못해서 숙소에서 머무는 비중이 높았지만, 나에게는 그것까지도 여행의 일부였다.

여섯 개의 게스트하우스는 각자 개성이 워낙 뚜렷해서, 내 기억도 또렷해졌다. 객관적으로 보고 싶었지만 최고로 주관적인, 나의 경험들이었다.

마침표 찍기

화가가 꿈이었던 내가, 언니를 따라 방과 후 미술수업에 다녔던 초등학교 일학년 때. 당시 미술 선생님은 그림뿐만 아니라 많은 걸 가르쳐주셨다. 아니 그림을 통해 잊지 못할 깨달음을 주었다.

햇살 드는 오후, 학교 수업을 마치면 늘 일층 맨 끝 구석 교실로 향했다. 팔랑거리는 커튼과 그 사이로 솔솔 들어오는 바람을 받으며 붓과 팔레트를 정리하고, 마음에 드는 자리에 앉아서 그림을 그리기 시작했다. 선생님은 잘 그려진 명화가 코팅된 작은 종이를 주었고, 나는 내 스케치북에 그 그림을 베껴 그렸다. 그림은 내 마음대로 쏙쏙 그려지지 않았다. 내가 그린 나무는 원래 그림과 달리 더 길거나 두꺼웠고, 잎사귀의 색은 훨씬 칙칙하고 그랬다. 똑같은 그림을 그리지 못해 무척 속이 상했고, 풀이 죽어 붓을 놓은 나에게 선생님께선 말씀하셨다.

"그 틀에 모든 것을 다 담지 못해도 괜찮아. 모자라면 다른 여백에 그리면 되고, 색이 마음에 들지 않으면 다시 덧칠하면 되는 거야. 그리고 그건 네 스케치북에 있는 네 그림이야. 원래 그림과는 다를 수밖에 없지."

다르게 그리면 지적받을 것이라 생각했기에, 그때 선생님의 말씀은 어린 나에게 크나큰 충격이었다. 이후 나는 많이 달라졌다. 점점 더 다른 그림을 그리게 되었지만, 원작과 비교하지 않고 내 그림 그대로를 보게 되었다. 십년도 더 지났지만 아직도 그 기억은 선명하다. 시간이 흘러도, 흐려지지 않고 계속해서 맴돈다.

어린 나에게 온 작은 가르침은, 스무 살이 될 때까지 새겨지고 또 새겨져서 마침내 습관이 되었다. 여행도 일상도 그렇게 극복을 했다. 주변 친구들과 완전히 다른 길을 걸어가면서도, 그들의 길에 눈 돌리지 않고 견딜 수 있었다. 그리고 나뿐이라고 생각했던 길에는 새로운 사람들이 함께하고 있었고, 처음처럼 외롭지 않았다. 흔들리지 않았다면 거짓말이겠지.

나는 이제 새로운 길로 갈 준비를 하고, 설레는 여행과 일상의 경계에 서있다. 확실한 건 예전보다 훨씬 덜 흔들리며, 또박또박 나아가고 있다는 것.
내 발걸음이 첫 번째로 새겨진대도 이제 그 길을 믿는다.
이 굳센 믿음은, 틀림없이 그때의 제주가 준 선물일 것이다.

에필로그

한 번씩 십 년 뒤의 내 모습이 궁금해진다. 그러다가 십 년 전의 나에게 심판을 받는다.

"멋진 어른이 되었어?"
"난 빨리 스무 살이 되고 싶어!"

동화 속 주인공을 꿈꾸던 어린 시절의 내가, 단역을 맡았던 순간들을 알면 실망하겠지만, 그래도 당당하게 해주고 싶은 말이 있다.

"남들 눈이 아니라, 너에게 부끄럽지 않게 사는 중이야."
"아마 너는 이런 나를 꿈꾸는 것 같아서. 그치?"

푸르던 스무 살의 나 역시 새내기의 길도 걸어보고 싶었다. 친구들과 비슷한 일을 겪으며, 그들의 대화에 물 흐르듯이 끼고 싶었다. 그런데도 나는 자유롭게 원하는 방향으로 가는 삶에 대한 마음이 훨씬 컸나 보다. 친구들과 대화를 하지 못할지언정. 당분간 가족들과 아침을 함께하지 못할지언정. 끌려다니며 살고 싶지 않았다.

그래서 그 방향으로 걷고 또 걸었다. 그렇게 다다른 제주는 하루하루가 눈부셨고, 서투른 나까지도 품어주었다. 그리고 시간이 지나 깨달았다. 여전히 그들과 나는 친구였으며, 내가 겪은 서투른 제주살이가 대화 중 가장 큰 화두가 되어있다는 것을.

숨 막히는 선택의 갈림길에 섰을 때, 사실 우리가 가고 싶은 길은 정해져 있다. 그렇지만 여러 가지 조건에 걸려 다른 길을 선뜻 놓지 못한다. 나는 그럴 때마다, 내 마음이 손 들어주는 쪽으로 미련 없이 떠난다. 그럼 어느새 이 길만이 존재한다는 듯 내 길이 되어있어서.

이 책을 써 내려간 이 년 동안, 틈틈이 꾸준하게 좌절했다. 결론적으로 전부를 담으려 애를 썼기에. 나의 모든 경험과 감정을 사람들에게 똑같이 공유하고 싶었고, 모든 것을 말하기 위해 오히려 많은 부분을 내려놓고 글을 썼다. 하지만, 결국 이 책은 좌충우돌 삼 개월의 조그마한 일부일 수밖에 없더라. 리얼리티 예능을 편집하는 사람의 기분이 이런 것일까.

어느 여름날, 목차를 아예 뒤집어엎었다. 그러면서 다짐했다. 에필로그를 꼭 적어야겠다고. 왜냐하면 이 책이 전부가 아니기 때문이다. 나의 일상에는 더 많은 웃음과 감동이, 그리고 더 깊고 서글픈 우울이 있었다.

'이건 이런 이유로, 저건 저런 이유로, 지우고 다듬어야 해!'

결국에 남은 알맹이가 책으로 태어난 것이다. 어쩌면 누군가는 정제되지 않은, 삭제된 이야기를 더 궁금해 할 것도 같다. 나는 정말 더 담기위해 수없이 시도했지만 여기까지가 한계였다. 그래도 미치도록 궁금하다면 방법이 딱 하나 남아있다.

직접 떠나보면 된다.